Dieses Heft ist auf das Lehrwerk Prima (Kapitel 1–22, Ausgabe A und B) abgestimmt und dient der Einübung, Sicherung und Wiederholung des dort behandelten Vokabulars und Grammatikstoffes.

Und so wird es gemacht:

Öffne das LÜK®-Kontrollgerät und lege die Plättchen in den unbedruckten Deckel. Jetzt kannst du auf den Plättchen und auf dem Geräteboden die Zahlen 1 bis 24 sehen.

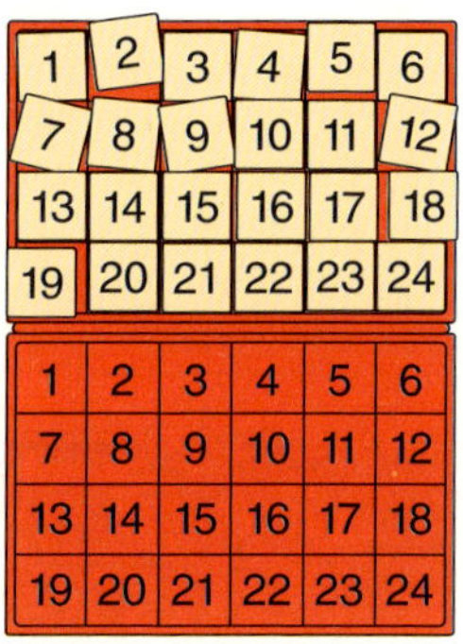

Beispiel: Seite 2 **Latein → Deutsch**
Lies das bei Aufgabe 1 stehende Wort und nimm das Plättchen 1. Überlege dir, wie die deutsche Bedeutung dieses Wortes lautet. Suche darauf diese Bedeutung in der Lösungstabelle. Lege dann das Plättchen 1 auf die Feldzahl im Kontrollgerät, die hinter der von dir gefundenen Lösung abgedruckt ist. Lege also das Plättchen 1 auf das Feld 14 im Geräteboden. Die Zahl 1 muss nach oben zeigen.

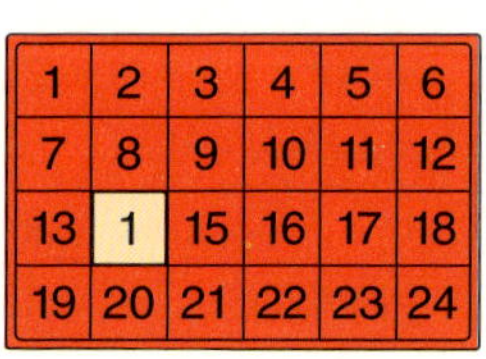

So musst du weiterarbeiten, bis alle Plättchen im Geräteboden liegen. Schließe dann das Gerät und drehe es um. Öffne es von der Rückseite. Wenn du das bei der Übungsreihe abgebildete Kontrollmuster siehst, hast du alle Aufgaben richtig gelöst.

Passen einige Plättchen nicht in das Muster, dann hast du dort Fehler gemacht. Drehe diese Plättchen da, wo sie liegen, um, schließe das Gerät, drehe es um und öffne es wieder. Jetzt kannst du sehen, welche Aufgaben du falsch gelöst hast.

Nimm diese Plättchen heraus und suche die richtigen Ergebnisse. Kontrolliere dann noch einmal. Stimmt jetzt das Muster?

Das System ist für alle Übungen dasselbe: Die gelben Aufgabennummern im Heft entsprechen immer den LÜK-Plättchen aus dem Kontrollgerät. Die Zahlen hinter den Lösungen sagen dir, auf welche Felder des Kontrollgerätes du die Plättchen legen musst.

Und nun viel Spaß!

Latein → Deutsch

		Lösung	
1	templum *n*	Menschenmenge; Lärm; Verwirrung	5
2	basilica *f*	sein	10
3	circus *m*	dort	2
4	senātor *m*	eilen; sich beeilen	17
5	forum *n*	Senator (Mitglied des römischen Senats)	13
6	properāre	Zirkus; Rennbahn	22
7	nam	Tempel	14
8	ibī	Halle; Basilika	18
9	cūria *f*	denn; nämlich	6
10	esse	Marktplatz; Forum; Öffentlichkeit	9
11	hīc	hier	1
12	turba *f*	Kurie; Rathaus (Versammlungsort des Senats)	21

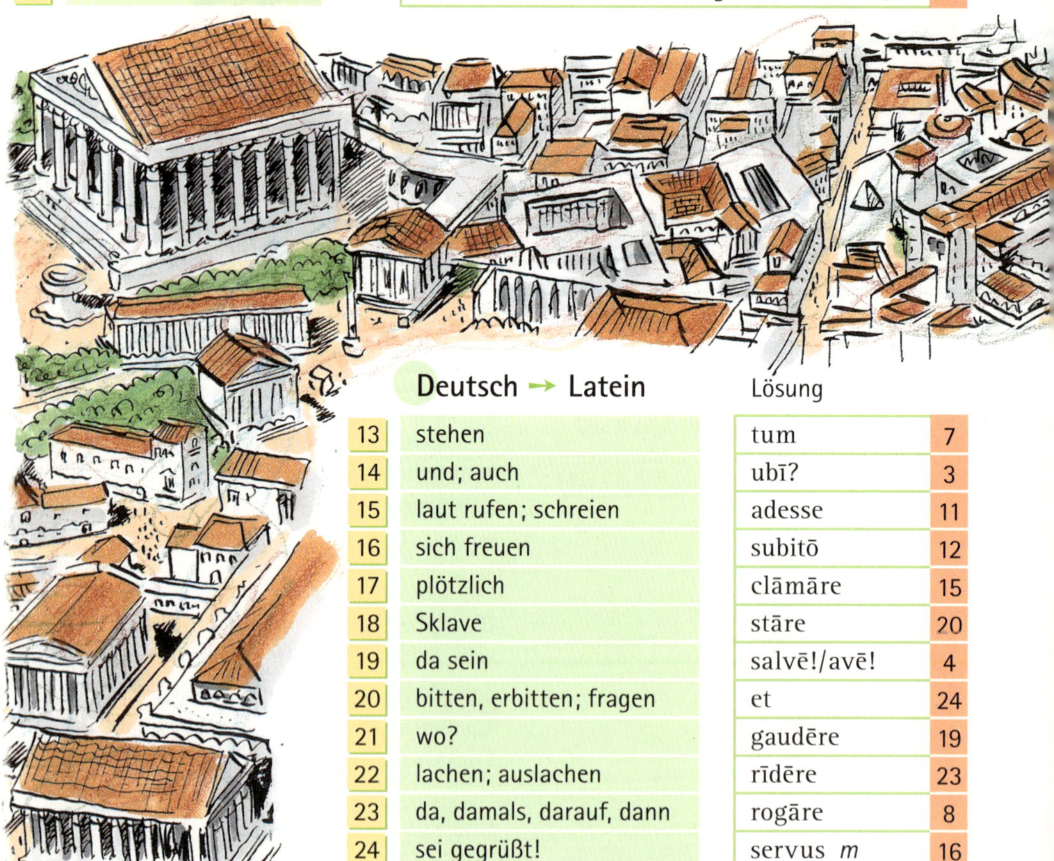

Deutsch → Latein

		Lösung	
13	stehen	tum	7
14	und; auch	ubī?	3
15	laut rufen; schreien	adesse	11
16	sich freuen	subitō	12
17	plötzlich	clāmāre	15
18	Sklave	stāre	20
19	da sein	salvē!/avē!	4
20	bitten, erbitten; fragen	et	24
21	wo?	gaudēre	19
22	lachen; auslachen	rīdēre	23
23	da, damals, darauf, dann	rogāre	8
24	sei gegrüßt!	servus *m*	16

Nenne den lateinischen Fachbegriff.

1	Einzahl
2	Fall
3	Hauptwort
4	Mehrzahl
5	grammatisches Geschlecht
6	Zeitwort
7	Grundform des Verbs
8	Gegenwart
9	männlich
10	weiblich
11	sächlich
12	Wirklichkeitsform

Lösung

Indikativ	16
Singular	12
Plural	11
Kasus	4
neutrum *n*	24
femininum *f*	20
Substantiv	7
Verb	3
masculinum *m*	8
Präsens	23
Infinitiv	15
Genus	19

Übersetze:

13	sich beeilen
14	er (sie, es) beeilt sich
15	sich freuen
16	er (sie, es) freut sich
17	sei gegrüßt!
18	seid gegrüßt!
19	schreien
20	er (sie, es) schreit
21	da sein
22	er (sie, es) ist da
23	bitten
24	er (sie, es) bittet

Lösung

gaudere	1	properat	9
salve!	22	gaudet	6
clamare	21	salvete!	2
adesse	14	clamat	18
rogare	17	adest	10
rogat	13	properare	5

Deutsch → Latein

Nr.	Deutsch	Lösung	
1	warten, erwarten	lūdus *m*	24
2	Spiel, Wettkampf; Schule	sunt	15
3	heute	populus *m*	23
4	sie sind	tacēre	3
5	lange Zeit	sed	8
6	Volk	tandem	12
7	auch; sogar	amīcus *m*	4
8	schweigen	nunc *Adv.*	20
9	jetzt, nun	etiam	11
10	aber, sondern	diū *Adv.*	7
11	Freund	hodiē *Adv.*	19
12	endlich	exspectāre	16

Latein → Deutsch

Nr.	Latein	Lösung	
13	equus *m*	Tor	1
14	dēnique *Adv.*	Belohnung, Lohn, (Sieges-) Preis	2
15	ecce	aufstehen, sich erheben; aufrichten	14
16	dare	schau/schaut, sieh da/seht da!	13
17	patēre	Pferd	21
18	surgere	schließlich; zuletzt	17
19	accēdere	geben	22
20	sīgnum *n*	Sieger	9
21	praemium *n*	laufen	18
22	currere	herbeikommen, hinzukommen	5
23	victor *m*	Zeichen; Merkmal	10
24	porta *f*	offen stehen; sich erstrecken	6

Übersetze:

		Lösung	
1	Amicus adest.	Der Freund lacht.	9
2	Amicus stat.	Der Freund schreit.	17
3	Amicus gaudet.	Der Freund erhebt sich.	19
4	Amicus exspectat.	Der Freund schweigt.	23
5	Amicus tacet.	Der Freund freut sich.	18
6	Amicus accedit.	Der Freund ist da.	4
7	Amicus surgit.	Der Freund fragt.	20
8	Amicus currit.	Der Freund steht.	13
9	Amicus clamat.	Der Freund wartet.	3
10	Amicus properat.	Der Freund beeilt sich.	24
11	Amicus ridet.	Der Freund läuft.	10
12	Amicus rogat.	Der Freund kommt herbei.	14

Ergänze korrekt:

		Lösung	
13	Serv___ currit.	ant	6
14	Serv___ currunt.	it	22
15	Porta pat___ .	a *(Nom. Pl. o-Dekl. n)*	2
16	Portae pat___ .	ae	12
17	Amicus proper___ .	a *(Nom. Sg. a-Dekl. f)*	21
18	Amici proper___ .	us	16
19	Senatores surg___ .	et	5
20	Senator surg___ .	at	7
21	Templ___ patet.	unt	8
22	Templ___ patent.	um	11
23	Basilic___ patet.	ent	15
24	Basilic___ patent.	i	1

Deutsch → Latein

		Lösung	
1	Freundin	mulier *f*	5
2	betrachten, hinsehen	amīca *f*	11
3	verkaufen	vendere	22
4	auf der Stelle, sofort	bēstia *f*	21
5	an, bei, nach, zu	ad *Präp. m. Akk.*	16
6	durch, hindurch	aedificium *n*	2
7	Gebäude	subitō *Adv.*	1
8	betreten, eintreten	spectāre	7
9	Tier	ante *Präp. m. Akk.*	15
10	vor	statim *Adv.*	12
11	Frau	intrāre	6
12	plötzlich	per *Präp. m. Akk.*	8

Latein → Deutsch

		Lösung	
13	iam *Adv.*	was?	9
14	apud *Präp. m. Akk.*	wer?	14
15	itaque	warum?	13
16	relinquere	nicht	17
17	cūr?	unbeachtet lassen, verlassen, zurücklassen	23
18	quid?	Geschrei, Lärm	3
19	quis?	deshalb	10
20	nōn	wo?	19
21	clāmor *m*	bei, nahe bei	20
22	ubī?	da, dann, darauf, damals	18
23	tum	nun, schon	24
24	accēdere	herbeikommen, hinzukommen	4

Bestimme die Satzgliedfunktion und die Form des *kursiv* gedruckten Wortes.

1	*Amicus* amicam exspectat.
2	Amicus *amicam* exspectat.
3	Amicus amicam *exspectat*.
4	*Servi* aedificia vident.
5	Servi *aedificia* vident.
6	Servi aedificia *vident*.
7	Amica *ad forum* properat.
8	Amica *diu* clamat.
9	Amicus est *mercator*.
10	Amici sunt *mercatores*.
11	*Aedificia* patent.
12	Syrus *servos* relinquit.

Lösung

Objekt *(Akkusativ Plural o-Dekl. n)*	17
Prädikat *(3. Person Plural)*	10
Subjekt *(Nominativ Singular o-Dekl. m)*	7
Objekt *(Akkusativ Singular a-Dekl. f)*	9
Subjekt *(Nominativ Plural o-Dekl. n)*	14
Objekt *(Akkusativ Plural o-Dekl. m)*	3
Prädikatsnomen *(Nominativ Plural)*	6
Prädikatsnomen *(Nominativ Singular)*	23
Adverbiale *(Präpositionalausdruck)*	4
Adverbiale *(Adverb)*	1
Subjekt *(Nominativ Plural o-Dekl. m)*	20
Prädikat *(3. Person Singular)*	12

Was passt wo? Ergänze korrekt:

Hodi ___ 13 amic ___ 14 ad for ___ 15 proper ___ nt 16. Ante basilic ___ 17 clamor ___ 18 toll ___ nt 19. Nam ibi besti ___ 20 vid ___ nt 21. Tum mercat ___ 22 ad amicas acced ___ t 23 et psittac ___ 24 (psittacus: Papagei) monstrat (monstrare: zeigen).

Lösung

a	8
ae	22
em	24
or	21
as	13
os	18
ē	19
i	2
e	5
um	11
am	15
u	16

Latein → Deutsch

		Lösung	
1	tamen	immer	9
2	dōnum *n*	dennoch, jedoch	21
3	dēlectāre	er (sie, es) will	1
4	cōgitāre	Geschenk	13
5	dēponēre	lieben	17
6	in *Präp. m. Abl.*	denken; beabsichtigen	22
7	cum *Präp. m. Abl.*	erfreuen, unterhalten	18
8	dē *Präp. m. Abl.*	Kleid, Kleidung	5
9	amāre	mit, zusammen mit	2
10	vestis *f*	in, an, auf, bei *(wo?)*	14
11	semper *Adv.*	ablegen, niederlegen, aufgeben	6
12	vult	von, von ... her, von ... herab; über	10

Deutsch → Latein

		Lösung	
13	gewiss, sicherlich	senex *m*	7
14	dich	sūmere	15
15	anfüllen, erfüllen	complēre	24
16	nehmen	laudāre	12
17	Greis, alter Mann	prō *Präp. m. Abl.*	19
18	Wein	tantum *(nachgestellt)*	4
19	Geld, Vermögen	vīnum *n*	23
20	Dieb	numquam *Adv.*	11
21	niemals	fūr *m*	3
22	an Stelle von; für	pecūnia *f*	8
23	nur	certē *Adv.*	16
24	loben	tē *Akk.*	20

Bestimme genau:

1	servō
2	pecuniam
3	pecuniā
4	pecunia
5	aedificia
6	uxores
7	senes
8	senex
9	thermis
10	adulescentem
11	adulescente
12	adulescentibus

Lösung

Nominativ o. Akkusativ Plural o-Dekl. n	20
Nominativ o. Akkusativ Plural 3. Dekl. m	24
Nominativ o. Akkusativ Plural 3. Dekl. f	18
Nominativ Singular a-Dekl. f	4
Nominativ Singular 3. Dekl. m	10
Ablativ Plural 3. Dekl. m	23
Ablativ Plural a-Dekl. f	13
Ablativ Singular 3. Dekl. m	9
Ablativ Singular o-Dekl. m	3
Ablativ Singular a-Dekl. f	14
Akkusativ Singular a-Dekl. f	17
Akkusativ Singular 3. Dekl. m	19

Wie fragt man nach dem *kursiv* gedruckten Wort?

13	*Marcus* Quintum dono delectat.
14	Marcus *Quintum* dono delectat.
15	Marcus Quintum *dono* delectat.
16	*Amici* thermas clamore complent.
17	Amici *thermas* clamore complent.
18	Amici thermas *clamore* complent.
19	Senatores *in curia* sunt.
20	Senatores *in curiam* currunt.
21	*Senatores* in curiam currunt.
22	*Senator* ante templum stat.
23	Senator ante *templum* stat.
24	Senator de *uxore* cogitat.

Lösung

Wen? *(Akk. Sg. o-Dekl. m)*	6
keine Abfrage *(da nach Präp. m. Akk.)*	22
Womit?/Wodurch? *(Abl. Sg. o-Dekl. n)*	2
Wer? *(Nom. Sg. 3. Dekl.)*	5
Wer? *(Nom. Pl. o-Dekl. m)*	15
Wer? *(Nom. Sg. o-Dekl. m)*	16
Wer? *(Nom. Pl. 3. Dekl. m)*	7
keine Abfrage *(da nach Präp. m. Abl.)*	8
Wohin? *(in m. Akk.)*	21
Wen oder was? *(Akk. Pl. a-Dekl. f)*	11
Womit? / Wodurch? *(Abl. Sg. 3. Dekl. m)*	1
Wo? *(in m. Abl.)*	12

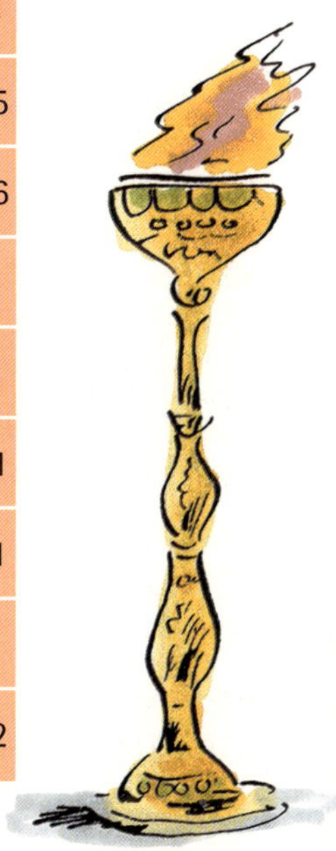

Übersetze die Wendungen:

1	donum petere
2	thermas petere
3	pecuniam petere
4	cogitare de pecunia
5	☺
6	thermas clamore complere
7	non iam
8	in tabernam properare
9	in taberna clamorem tollere
10	pro vino aquam sumere
11	cum turba clamare
12	pro vino pecuniam dare

Lösung

für den Wein Geld geben	22
die Thermen aufsuchen	9
zusammen mit der Menge schreien	6
ein Geschenk verlangen / erbitten	12
an Stelle des Weins Wasser nehmen	2
an Geld denken	11
Geld verlangen	7
im Gasthaus Geschrei erheben	8
die Thermen mit Geschrei erfüllen	10
☺	1
nicht mehr	21
in das Gasthaus hinein eilen	5

Übersetze:

13	Der Freund erfreut die Freundin mit Geschenken.
14	Der Freund erfreut die Freundinnen mit Geschenken.
15	Der Freund erfreut die Freundin mit einem Geschenk.
16	Die Freunde erfreuen die Freundin mit Geschenken.
17	Der Dieb erfüllt das Gebäude mit Geschrei.
18	Die Diebe erfüllen das Gebäude mit Geschrei.
19	Der Dieb erfüllt die Gebäude mit Geschrei.
20	Die Diebe erfüllen die Gebäude mit Geschrei.
21	Der Freund tritt mit der Freundin ein.
22	Die Freunde treten mit der Freundin ein.
23	Der Freund tritt mit den Freundinnen ein.
24	Die Freunde treten mit den Freundinnen ein.

Lösung

Amicus amicas donis delectat.	3
Amici cum amica intrant.	4
Amici cum amicis intrant.	13
Amicus cum amica intrat.	14
Fur aedificium clamore complet.	15
Fur aedificia clamore complet.	16
Amicus cum amicis intrat.	17
Fures aedificia clamore complent.	18
Amicus amicam dono delectat.	19
Fures aedificium clamore complent.	20
Amicus amicam donis delectat.	23
Amici amicam donis delectant.	24

Deutsch → Latein

		Lösung	
1	von allen Seiten	nūntius *m*	17
2	es ist erlaubt, es ist möglich	respondēre, respondeō	13
3	plötzlich	victōria *f*	2
4	aus, von ... her	ē/ex *Präp. m. Abl.*	9
5	Bote; Nachricht	repente *Adv.*	6
6	Sieg	cōnsistere, cōnsistō	4
7	antworten; entsprechen	dubitāre, dubitō *(m. Inf.)*	5
8	Halt machen; sich aufstellen	licet	1
9	zögern	nūntiāre, nūntiō	18
10	melden	deus *m*	14
11	Konsul	cōnsul *m*	3
12	Gott, Gottheit	undique *Adv.*	10

Latein → Deutsch

		Lösung	
13	arma *n Pl.*	kämpfen	24
14	sine *Präp. m. Abl.*	Gefahr	16
15	quod *Subj. m. Ind.*	Heimat	21
16	patria *f*	ohne	7
17	iniūria *f*	schmerzen; bedauern; Schmerz empfinden (über)	12
18	dolēre, doleō *(m. Abl.)*	verehren, pflegen; bewirtschaften	8
19	dēbēre, dēbeō	abwehren, verteidigen; schützen	15
20	perīculum *n*	müssen, sollen; schulden	20
21	vīvere, vīvō	dass; weil	11
22	colere, colō	Beleidigung, Unrecht; Gewalttat	19
23	dēfendere, dēfendō	Waffen; Gerät	22
24	pūgnāre, pūgnō	leben	23

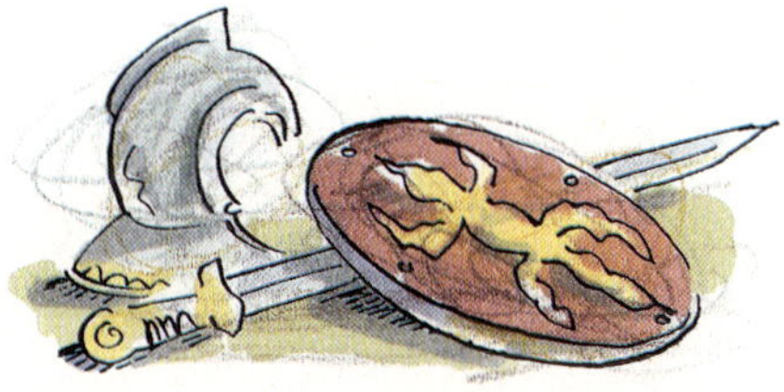

Mit Akkusativ oder Ablativ?

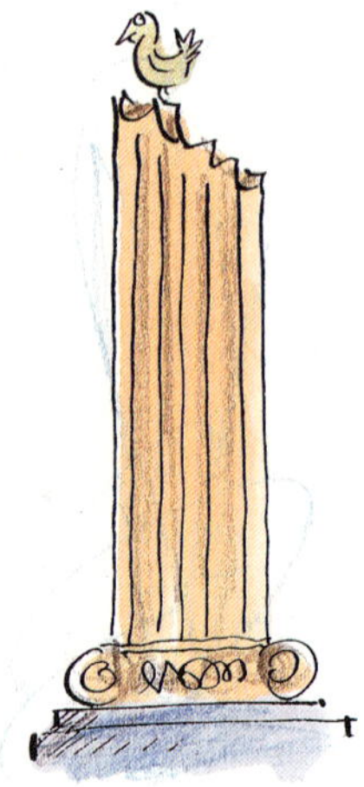

		Lösung 1		Lösung 2	
1	e/ex	aedificiis	14	aedificia	19
2	sine	amicum	23	amico	18
3	pro	nuntium	15	nuntio	21
4	in *(wohin?)*	aedificia	13	aedificiis	20
5	cum	amica	9	amicam	12
6	in *(wo?)*	curia	17	curiam	16
7	de	nuntios	11	nuntiis	5
8	per	nuntiis	8	nuntios	1
9	☺	☺	22	☺	22
10	ante	rostra	10	rostris	4
11	ad	tabulario	24	tabularium	2
12	apud	senes	6	senibus	7

Wie fragt man nach dem *kursiv* gedruckten Wort?

		Lösung	
13	*Consul* patriam armis defendit.	keine Abfrage *(da nach Präp. m. Abl.)*	3
14	Consul *patriam* armis defendit.	Worüber?/Weshalb? *(Abl. Pl.)*	4
15	Consul patriam *armis* defendit.	keine Abfrage *(da nach Präp. m. Akk.)*	7
16	*Nuntii* populum gaudio complent.	Wohin? *(in m. Akk.)*	8
17	Nuntii *populum* gaudio complent.	Wo? *(in m. Abl.)*	11
18	Nuntii populum *gaudio* complent.	Wen oder was? *(Akk. Sg. a-Dekl. f)*	23
19	Senatores *in curia* sunt.	Womit?/Wodurch? *(Abl. Sg. o-Dekl. n)*	16
20	Senatores *in curiam* currunt.	Womit?/Wodurch? *(Abl. Pl. o-Dekl. n)*	15
21	Senatores *victoriis* gaudent.	Wer? *(Nom. Sg. 3. Dekl. m)*	19
22	Senatores *iniuriā* dolent.	Wer oder was? *(Nom. Pl. o-Dekl. m)*	20
23	Senator ad *templum* properat.	Wen oder was? *(Akk. Sg. o-Dekl. m)*	12
24	Senator e *templo* properat.	Worüber?/Weshalb? *(Abl. Sg.)*	24

Übersetze:

		Lösung	
1	Iniuriā dolet.	Der Sieg erfreut/macht Freude.	2
2	Victoriā gaudet.	Er/sie freut sich über den Sieg.	5
3	Iniuria dolet.	Er/sie schuldet Geld.	8
4	Victoria delectat.	die Gefahr mit Waffen abwehren	11
5	Dono gaudet.	Er/sie empfindet über das Unrecht Schmerz.	13
6	Donum delectat.	Plötzlich zögert er/sie zu antworten.	15
7	periculum armis defendere	Das Unrecht schmerzt.	16
8	armis pugnare	Das Geschenk erfreut/macht Freude.	18
9	Subito respondere dubitat.	mit Waffen kämpfen	19
10	Hodie respondere dubitat.	Er/sie freut sich über das Geschenk.	21
11	Pecuniam debet.	Heute zögert er/sie zu antworten.	22
12	Respondere debet.	Er/sie muss antworten.	24

Was passt wo? Ergänze korrekt:

Consul curi ___ 13 intr ___ 14 et nuntiat: „Tandem victores su ___ 15. Gaud ___ 16, quod non iam cum barbar ___ 17 pugn ___ 18, quod non iam patriam armis defend ___ 19 debemus.“ Sed senator ___ 20 tac ___ 21. Tum consul rogat: „Cur non victori ___ 22 gaud ___ 23, cur deos sacrificio *(sacrificium, i n: Opfer)* colere dubit ___ 24?“

Lösung	
are	4
is	23
ere	12
emus	14
es	7
mus	3
ent	9
at	17
ā	6
am	1
atis	10
etis	20

Latein → Deutsch

		Lösung	
1	emere, emō	Mädchen	20
2	parāre, parō	arbeiten	14
3	ōrnāre, ōrnō	Sklavin	16
4	puer *m*	anordnen, befehlen	18
5	serva *f*	Junge, Bub	24
6	puella *f*	rufen, nennen	22
7	labōrāre, labōrō	schmücken	21
8	iubēre, iubeō *(m. Akk.)*	(los)lassen, schicken, werfen	15
9	vocāre, vocō	(vor)bereiten; vorhaben; erwerben	19
10	mittere, mittō	Tisch	17
11	mēnsa *f*	kaufen	23
12	domina *f*	Herrin	13

Deutsch → Latein

		Lösung	
13	gut *Adv.*	māter *f*	1
14	du *(betont)*	aedēs *f Pl.*	2
15	da sein; helfen	līberī *m Pl.*	3
16	zeigen, darlegen	paulō *Adv.*	4
17	Mutter	portāre, portō	5
18	gefallen	post *Adv.*	6
19	Haus, Gebäude	post *Präp. m. Akk.*	7
20	tragen, bringen	tū *(betont)*	8
21	(um) ein wenig	placēre, placeō	9
22	hinter; nach	adesse, adsum	10
23	dann, später	ostendere, ostendō	11
24	Kinder	bene *Adv.*	12

Bestimme die Satzgliedfunktion des *kursiv* gedruckten Wortes.

1	*Pueri* cum puellis cenam bene parant.
2	Pueri *cum* puellis cenam bene parant.
3	Pueri *cum puellis* cenam bene parant.
4	Pueri cum puellis *cenam* bene parant.
5	Pueri cum puellis cenam *bene* parant.
6	Pueri cum puellis cenam bene *parant*.
7	Melissa *mater* est.
8	Mater *cena* gaudet.
9	Mater clamat: „*Orna* mensam, serve!“
10	Mater clamat: „*Ornate* mensam, servae!“
11	Mater clamat: „Orna mensam, *serve*!“
12	Mater clamat: „Ornate mensam, *servae*!“

Lösung

Vokativ *(Singular)*	16
Imperativ *(Plural)*	18
Vokativ *(Plural)*	14
Adverbiale *(Ablativ des Grundes)*	15
Prädikatsnomen	13
Imperativ *(Singular)*	24
Adverbiale *(Adverb)*	17
Akkusativ-Objekt	22
Prädikat	19
Präposition *(m. Abl.)*	20
Adverbiale *(Präp. m. Abl.)*	23
Subjekt	21

Latein → Deutsch

13	Mater mensam ornat.
14	Matres mensam ornant.
15	Mater mensas ornat.
16	Matres mensas ornant.
17	Pueri puellas exspectant.
18	Puer puellas exspectat.
19	Puellae puerum exspectant.
20	Puella pueros exspectat.
21	Mater pueris gaudet.
22	Mater puero gaudet.
23	Puer matre gaudet.
24	Pueri matribus gaudent.

Lösung

Die Mutter freut sich über den Jungen.	8
Die Mutter schmückt den Tisch.	9
Der Junge freut sich über die Mutter.	4
Die Mütter schmücken den Tisch.	7
Die Jungen freuen sich über die Mütter.	5
Die Mutter schmückt die Tische.	11
Der Junge erwartet die Mädchen.	12
Die Mädchen erwarten den Jungen.	1
Die Mütter schmücken die Tische.	10
Die Jungen erwarten die Mädchen.	2
Die Mutter freut sich über die Jungen.	6
Das Mädchen erwartet die Jungen.	3

Übersetze die Wendungen:

1	paulo post
2	aedes parare
3	cenam parare
4	aedes emere
5	nuntium mittere
6	tela (~ arma) mittere
7	mensam ornare
8	servum emere
9	servum vendere
10	aedes intrare
11	puerum exspectare
12	puerum iubere

Lösung

Waffen schleudern/werfen	6
einen Boten/eine Botschaft schicken	7
kurz darauf	3
den Tisch schmücken	11
einen Sklaven kaufen	15
den Jungen erwarten	16
dem Jungen befehlen	12
ein Haus betreten	8
eine Mahlzeit vor-, zubereiten	2
ein Haus kaufen	4
ein Haus erwerben	5
einen Sklaven verkaufen	1

Ergänze korrekt:

Marcus pu ___ 13 est. Antonia puell ___ 14 est. Marcus et Antonia liber ___ 15 sunt. Marcus et Antonia Quint ___ 16 exspect ___ 17.
Quintus amic ___ 18 est. Tandem Quintus intr ___ 19.
Marcus vocat: „Salve, amic ___ 20!“ Quintus respond ___ 21:
„Salv ___ 22, amic ___ 23!“ Tum liberi ad forum curr ___ 24.

Lösung

et	19
e	21
a	17
er	9
ete	18
unt	20
i *(Nom.)*	13
ant	23
us	14
um	10
i *(Vok.)*	22
at	24

Deutsch → Latein

1	Wort, Äußerung
2	sagen, sprechen
3	zuerst
4	zwanzig
5	Opfer, Heiligtum
6	Vater
7	ungefähr
8	Toga (Obergewand des röm. Mannes)
9	Gastmahl; Gelage
10	Menge; Möglichkeit; Vorrat
11	Tunika (Untergewand)
12	Beratung, Beschluss, Plan, Rat

Lösung

cōnsilium, cōnsiliī *n*	23
convīvium, convīviī *n*	3
sacrum, sacrī *n*	16
verbum, verbī *n*	7
tunica, tunicae *f*	19
toga, togae *f*	20
vīgintī *indekl.*	8
cōpia, cōpiae *f*	15
circiter *Adv.*	24
prīmō *Adv.*	4
dīcere, dīcō	11
pater, patris *m*	12

Latein → Deutsch

13	attingere, attingō
14	admittere, admittō
15	probāre, probō
16	auxilium, auxiliī *n*
17	gerere, gerō
18	nōn-ne *(im dir. Fragesatz)*
19	-que
20	convertere, convertō
21	compōnere, compōnō
22	oculus, oculī *m*
23	remanēre, remaneō
24	fīlius, fīliī *m*

Lösung

Sohn	22
berühren	2
ausführen, führen; tragen	17
nicht?	9
(zurück) bleiben	14
hinzuziehen; zulassen	6
Hilfe	1
und	18
Auge	5
beweisen; für gut befinden	10
vergleichen	21
verändern, (um)wenden; richten (auf)	13

Bestimme korrekt:

1	patris
2	matris
3	pueris
4	conviviis
5	attingis
6	filii
7	senatorum
8	puerorum
9	puellae
10	puellas
11	ornas
12	puerum

Lösung

Gen. Sg. o. Nom. Pl. o. Vok. Pl. o-Dekl. *m*	14
2. Ps. Sg. Kons. Konj.	3
Gen. Sg. 3. Dekl. *f*	1
Gen. Sg. 3. Dekl. *m*	17
Gen. Pl. 3. Dekl. *m*	7
Gen. Pl. o-Dekl. *m*	23
2. Ps. Sg. a-Konj.	12
Akk. Sg. o-Dekl. *m*	20
Abl. Pl. o-Dekl. *n*	6
Abl. Pl. o-Dekl. *m*	10
Gen. Sg o. Nom. Pl. o. Vok. Pl. a-Dekl. *f*	9
Akk. Pl. a-Dekl. *f*	4

Latein → Deutsch

13	Amicus filiae servum laudat.
14	Filia amici servum laudat.
15	Filiae amici servum laudant.
16	Amici filiae servum laudant.
17	Servus filiam amici laudat.
18	Servus amicos filiae laudat.
19	Servi amicum filiae laudant.
20	Servi filias amici laudant.
21	Amicus filium senatoris laudat.
22	Amici filios senatorum laudant.
23	Amici senatoris filiam laudant.
24	Filia amici senatorem laudat.

Lösung

Der Freund der Tochter lobt den Sklaven.	5
Die Freunde der Tochter loben den Sklaven.	18
Die Sklaven loben den Freund der Tochter.	8
Die Freunde loben die Söhne der Senatoren.	2
Die Tochter des Freundes lobt den Sklaven.	13
Der Sklave lobt die Tochter des Freundes.	19
Die Sklaven loben die Töchter des Freundes.	11
Die Freunde des Senators loben die Tochter.	24
Die Tochter des Freundes lobt den Senator.	16
Der Freund lobt den Sohn des Senators.	15
Der Sklave lobt die Freunde der Tochter.	22
Die Töchter des Freundes loben den Sklaven.	21

Übersetze die Wendungen:

		Lösung	
1	togam gerere	den Plan für gut befinden	2
2	togam sumere	vergleichen mit	3
3	togam emere	zur Beratung hinzuziehen	4
4	togam spectare	die Augen richten auf	5
5	contendere ad *(m. Akk.)*	eine Toga kaufen	14
6	remanere in *(m. Abl.)*	die Toga tragen	15
7	oculos convertere in *(m. Akk.)*	eine Toga betrachten	16
8	componere cum *(m. Abl.)*	die Toga anlegen	17
9	accedere ad *(m. Akk.)*	sich über die Hilfe des Sklaven freuen	18
10	consilium probare	herantreten an	19
11	ad consilium admittere	eilen zu	13
12	auxilio servi gaudere	zurückbleiben in	24

Wie fragt man richtig nach dem *kursiv* gedruckten Wort?

		Lösung 1		Lösung 2	
13	*Servi* togam domini ornant.	Wer o. was?	21	Wessen?	8
14	Servi *togam* domini ornant.	Womit?	10	Wen o. was?	23
15	Servi togam *domini* ornant.	Wer o. was?	12	Wessen?	7
16	*Servae* pallas filiarum ornant.	Wer o. was?	22	Wessen?	1
17	Servae *pallas* filiarum ornant.	Wen o. was?	11	Wodurch?	9
18	Servae pallas *filiarum* ornant.	Wen o. was?	6	Wessen?	20
19	*Filii* donis patris gaudent.	Wer o. was?	6	Wessen?	9
20	Filii *donis* patris gaudent.	Worüber?	9	Wessen?	23
21	Filii donis *patris* gaudent.	Wessen?	1	Womit?	7
22	*Consules* consilium senatorum probant.	Wen o. was?	22	Wer o. was?	12
23	Consules *consilium* senatorum probant.	Wen o. was?	10	Wer o. was?	11
24	Consules consilium *senatorum* probant.	Wen o. was?	21	Wessen?	8

Latein → Deutsch

		Lösung	
1	venīre, veniō	hören	18
2	patrōnus, patrōnī *m*	Berg	12
3	audīre, audiō	Weg	16
4	via, viae *f*	Äußerung, Laut, Stimme	5
5	dūcere, dūcō	Patron (Schutzherr)	1
6	negōtium, negōtiī *n*	kommen	3
7	lībertus, lībertī *m*	kommen zu/nach	8
8	agere, agō	Familienverband; Stamm, Volk	10
9	vōx, vōcis *f*	führen, ziehen	23
10	mōns, montis *m*	Freigelassener	19
11	gēns, gentis *f*	Aufgabe, Geschäft, Angelegenheit	14
12	pervenīre, perveniō *ad/in m. Akk*	handeln, treiben, verhandeln	21

Deutsch → Latein

		Lösung	
13	Göttin	gaudium, gaudiī *n*	7
14	Verwandter	soror, sorōris *f*	17
15	Schwester	domum *Adv.*	20
16	Altar	agmen, agminis *n*	6
17	Freude	āra, ārae *f*	4
18	(Heeres)zug	parēns, parentis *f/m*	24
19	nach Hause	dea, deae *f*	15
20	Gesundheit, Glück, Rettung; Gruß	propinquus, propinquī *m*	13
21	müssen, sollen; schulden	pāx, pācis *f*	2
22	Friede	salūs, salūtis *f*	9
23	bitten (jmd. um etwas)	ōrāre, ōrō *m. dopp. Akk.*	22
24	Vater/Mutter	dēbēre, dēbeō	11

Bestimme die Satzgliedfunktion des *kursiv* gedruckten Wortes.

1	*Agmina* consistunt.
2	*Agmina* videt.
3	Pater *cum filia* adest.
4	*Filia* adest.
5	Mater *filia* gaudet.
6	*Para* cenam, filia!
7	Melissa *filia* est.
8	Para cenam, *filia*!
9	Parentes *domum* currunt.
10	*Parentes* domum currunt.
11	*Parentes* audio.
12	*Templa* placent.

Lösung

Prädikat *(Imperativ Sg.)*	8
Vokativ *(a-Dekl. Sg.)*	5
Prädikatsnomen	1
Adverbiale *(Präp. m. Abl.)*	22
Akkusativ-Objekt *(3. Dekl. n Pl.)*	7
Subjekt *(3. Dekl. n Pl.)*	11
Subjekt *(3. Dekl. m Pl.)*	16
Akkusativ-Objekt *(3. Dekl. m Pl.)*	6
Subjekt *(o-Dekl. n Pl.)*	2
Adverbiale *(Adverb)*	21
Subjekt *(a-Dekl. f Sg.)*	12
Adverbiale *(Ablativ des Grundes)*	15

Latein → Deutsch

13	Vocem sororis audis.
14	Vocem sororis audimus.
15	Vocem sororis audire volo.
16	Vocem sororis audite!
17	Vocem sororis audio.
18	Vocem sororis audiunt.
19	Vocem sororis audi!
20	Vocem sororis auditis.
21	Vocem sororis audit.
22	Vocem sororis audire nolo.
23	Vocem sororis audire vis.
24	Vocem sororis audire nolunt.

Lösung

Sie wollen die Stimme der Schwester nicht hören.	4
Wir hören die Stimme der Schwester.	19
Ich will die Stimme der Schwester hören.	9
Ich will die Stimme der Schwester nicht hören.	20
Du hörst die Stimme der Schwester.	23
Du willst die Stimme der Schwester hören.	18
Er/sie hört die Stimme der Schwester.	3
Ich höre die Stimme der Schwester.	13
Sie hören die Stimme der Schwester.	10
Hört die Stimme der Schwester!	24
Höre die Stimme der Schwester!	14
Ihr hört die Stimme der Schwester.	17

Übersetze die Wendungen:

		Lösung	
1	forum petere	verhandeln mit	20
2	pecuniam petere	gut handeln; etwas gut erledigen	1
3	auxilium petere	grüßen (den Gruß sagen)	6
4	negotia agere	die (adlige) Familie der Aquilier ~ die Aquilier	14
5	de pace agere	Was treibst/machst du?	3
6	agere cum *(m. Abl.)*	den Patron um Hilfe bitten	4
7	bene agere	zum Gebirge kommen	23
8	Quid agis?	Geld verlangen	7
9	ad montes pervenire	Geschäfte (be)treiben/machen	10
10	salutem dicere	über Frieden verhandeln	17
11	patronum auxilium orare	das Forum aufsuchen; zum Forum eilen	9
12	gens Aquilia ~ Aquilii, orum	um Hilfe bitten	12

Wie lautet der Genitiv Singular?

		Lösung 1		Lösung 2	
13	agmen	agminis	21	agmini	24
14	salus	sali	13	salutis	19
15	vox	voxis	21	vocis	11
16	libertus	liberti	22	libertis	19
17	via	viae	13	vii	11
18	gens	gensis	22	gentis	24

Wie lautet der Genitiv Plural?

19	parentes	parentium	18	parentum	2
20	gens	gentum	8	gentium	15
21	mons	montium	5	montum	16
22	vestis	vestium	8	vestum	5
23	aedes	aedum	15	aedium	16
24	patronus	patronorum	18	patronum	2

Deutsch → Latein

1	sich setzen, sich niederlassen
2	besuchen, zusammenkommen, zusammenpassen
3	nachher, später
4	geben, hinhalten
5	trinken
6	Wasser
7	Nahrung, Speise
8	Fremder; Gast; Gastgeber
9	gehorchen, sich richten nach
10	Rede
11	Herr
12	geben

Lösung

bibere, bibō	1
ōrātiō, ōrātiōnis *f*	2
hospes, hospitis *m*	3
dominus, dominī *m*	4
cibus, cibī *m*	5
dare, dō	6
cōnsīdere, cōnsīdō	9
praebēre, praebeō	10
pārēre, pāreō	13
posteā *Adv.*	14
convenīre, conveniō	17
aqua, aquae *f*	18

Latein → Deutsch

13	grātia, grātiae *f*
14	habēre, habeō
15	mōs, mōris *m*
16	atque
17	quoque *(nachgestellt)*
18	indūcere, indūcō
19	mūnus, mūneris *n*
20	iter, itineris *n*
21	mulier, mulieris *f*
22	narrāre, narrō *dē m. Abl.*
23	māiōrēs, māiōrum *m*
24	itaque

Lösung

Aufgabe; Geschenk	12
(hin)einführen, verleiten	20
auch	11
und	22
Reise, Weg, Marsch	15
deshalb	8
Ansehen, Beliebtheit, Dank, Gefälligkeit	21
Vorfahren	16
erzählen (von/über)	24
haben, halten	23
Sitte, Brauch; *Pl.* Charakter	19
Frau	7

Bestimme korrekt:

1	itinera
2	moribus
3	pueris
4	conviviis
5	sororis
6	inducis
7	orationi
8	filii
9	puellae
10	domino
11	consido
12	puellis

Lösung

Gen. Sg. 3. Dekl. f	10
Dat. o. Abl. Pl. o-Dekl. n	6
Dat. o. Abl. Pl. o-Dekl. m	4
Dat. o. Abl. Sg. o-Dekl. m	9
1. Ps. Sg. Kons. Konj.	11
Dat. o. Abl. Pl. a-Dekl. f	7
Gen. Sg. o. Dat. Sg. o. Nom. Pl. o. Vok. Pl. a-Dekl. f	3
Dat. Sg. 3. Dekl. f	8
Gen. Sg. o. Nom. Pl. o. Vok. Pl. o-Dekl. m	12
2. Ps. Sg. Kons. Konj.	2
Nom. o. Akk. Pl. 3. Dekl. n	5
Dat. o. Abl. Pl. 3. Dekl. m	1

Latein → Deutsch

13	Serva sororis amicis placet.
14	Soror servae amicis placet.
15	Amicus servae sorori placet.
16	Amicae sororis servo placent.
17	Servus amicae sororibus placet.
18	Amica servi sororibus placet.
19	Vobis aedes est.
20	Parentibus aedes est.
21	Parentibus gratia est.
22	Filiae senatoris deis donum dant.
23	Filiae senatoris deae donum dant.
24	Deae filiae senatoris donum dant.

Lösung

Die Töchter des Senators geben den Göttern ein Geschenk.	13
Die Freundin des Sklaven gefällt den Schwestern.	15
Die Freundinnen der Schwester gefallen dem Sklaven.	17
Der Sklave der Freundin gefällt den Schwestern.	19
Die Eltern besitzen/haben Ansehen.	21
Die Eltern besitzen/haben ein Haus.	23
Die Töchter des Senators geben der Göttin ein Geschenk.	24
Die Göttinnen geben der Tochter des Senators ein Geschenk.	22
Ihr besitzt/habt ein Haus.	20
Die Sklavin der Schwester gefällt den Freunden.	18
Der Freund der Sklavin gefällt der Schwester.	16
Die Schwester der Sklavin gefällt den Freunden.	14

Übersetze die Wendungen:

		Lösung	
1	amicis gratias agere	eine Rede halten	3
2	amicis gratiam habere	Die Freunde kommen zusammen.	15
3	amicis gratiam debere	sich Freunde verschaffen (bereiten)/Freunde gewinnen	8
4	orationem habere	den Freunden Dank schulden	24
5	convivio interesse	den Freund besuchen/treffen	7
6	narrare de amicis	den Freunden gehorchen	16
7	amicum convenire	den Freunden dankbar (gesinnt) sein	19
8	Amici conveniunt.	erzählen über die/von den Freunden	20
9	convenire cum amicis	die Sitten/Bräuche der Vorfahren	12
10	mores maiorum	den Freunden danken	4
11	amicis parere	am Gastmahl teilnehmen	11
12	amicos parare	mit den Freunden zusammenpassen	23

Alles Dativ oder was? Bestimme den Kasus.

		Lösung 1		Lösung 2	
13	amicis adesse	Dativ	9	Ablativ	1
14	muneribus gaudere	Ablativ	13	Dativ	18
15	gaudio complere	Dativ	2	Ablativ	17
16	cenae interesse	Genitiv	22	Dativ	10
17	hospitibus placere	Ablativ	5	Dativ	1
18	cum amicis convenire	Ablativ	18	Dativ	14
19	domino parere	Dativ	2	Ablativ	21
20	sorori dare	Genitiv	6	Dativ	22
21	de sororibus narrare	Ablativ	5	Dativ	9
22	oculus *filiae*	Genitiv	14	Dativ	13
23	iniuriis dolere	Dativ	17	Ablativ	21
24	vobis respondere	Dativ	6	Ablativ	10

Latein → Deutsch

		Lösung	
1	aspicere, aspiciō	große Zahl, Menge	15
2	cupere, cupiō	Gefährte; Begleiter(in)	18
3	capere, capiō	Buch	19
4	liber, librī *m*	erblicken	20
5	poēta, poētae *m*	verlangen, wünschen, wollen	24
6	-ne *(angehängt)*	Dichter	16
7	comes, comitis *m/f*	kennen, verstehen, wissen	14
8	scīre, sciō	linke Hand	13
9	homō, hominis *m*	ergreifen; gewaltsam an sich reißen	17
10	multitūdō, multitūdinis *f*	Mensch	22
11	sinistra, sinistrae *f*	(unübersetzte Fragepartikel)	23
12	corripere, corripiō	nehmen; fassen; erobern	21

Deutsch → Latein

		Lösung	
13	oder *(in der Frage)*	eō *Adv.*	12
14	dorthin *Adv.*	deinde *Adv.*	9
15	lesen; auswählen	carmen, carminis *n*	11
16	beginnen; einrichten; unterrichten	imperātor, imperātōris *m*	3
17	machen, tun, handeln	placet *m. Dat.*	4
18	dann, darauf	urbs, urbis *f*	1
19	bewahren, retten	servāre, servō	5
20	Krieg	bellum, bellī *n*	2
21	es gefällt jmd.; jmd. beschließt	an	8
22	Lied, Gedicht	facere, faciō	6
23	Stadt; Hauptstadt	legere, legō	10
24	Befehlshaber, Feldherr; Kaiser	īnstituere, īnstituō	7

m? – f? – n?
Bestimme das Geschlecht:

		Lösung 1		Lösung 2	
1	mercator, mercatoris	m	19	n	15
2	munus, muneris	n	22	m	14
3	carmen, carminis	f	18	n	24
4	soror, sororis	f	20	m	23
5	poeta, poetae	f	13	m	17
6	senex, senis	f	16	m	21
7	pax, pacis	m	19	f	16
8	iter, itineris	n	13	m	22
9	salus, salutis	f	23	m	24
10	multitudo, multitudinis	m	17	f	18
11	homo, hominis	f	21	m	14
12	comes, comitis	m oder f	15	m	16

Latein → Deutsch

		Lösung	
13	Carmen poetae lege!	Sie wünschen Geschenke.	6
14	Carmina poetae lege!	Du erblickst die Kinder des Begleiters.	3
15	Carmina poetarum legite!	Er/sie wünscht Geschenke.	9
16	Carmina poetae legite!	Ich wünsche Geschenke.	5
17	Libros comitis aspicis.	Wir wünschen Geschenke.	2
18	Libros comitis aspicitis.	Du erblickst die Begleiter der Kinder.	1
19	Liberos comitis aspicis.	Lest die Gedichte des Dichters!	8
20	Comites liberorum aspicis.	Lest die Gedichte der Dichter!	11
21	Munera cupio.	Ihr erblickt die Bücher des Begleiters.	12
22	Munera cupit.	Lies das Gedicht des Dichters!	7
23	Munera cupimus.	Lies die Gedichte des Dichters!	10
24	Munera cupiunt.	Du erblickst die Bücher des Begleiters.	4

Übersetze die Wendungen:

		Lösung	
1	provinciam petere	Krieg vorbereiten; zum Krieg rüsten	24
2	bellum gerere	mit der linken Hand nehmen	8
3	bellum parare	Kinder unterrichten	22
4	sinistra capere	die Provinz aufsuchen; in die Provinz eilen	19
5	urbem capere	die Stadt erobern	5
6	liberos instituere	Krieg führen	21
7	Librum legere instituit.	Die Senatoren beschließen.	18
8	Librum legere scit.	den Weg kennen	11
9	iter scire	Er/sie fängt an, ein Buch zu lesen.	15
10	Senatoribus placet.	die Götter verehren	16
11	Ridere vobis placet.	Euch gefällt es, zu lachen.	2
12	deos colere	Er/sie versteht es, ein Buch zu lesen.	13

o o o o!
Was zeigt das -o an?

		Lösung	
13	scio	1. Ps. Sg. Kons. Konjugation (i-Erweiterung)	17
14	liberto	1. Ps. Sg. i-Konjugation	7
15	dico	Nom. Sg. 3. Dekl. f	20
16	oratio	Abl. Sg. o-Dekl. m	10
17	placeo	Dat. o. Abl. Sg. o-Dekl. n	4
18	primo	Dat. o. Abl. Sg. o-Dekl. m	9
19	negotio	1. Ps. Sg. Kons. Konjugation	23
20	homo	Nom. Sg. 3. Dekl. m	1
21	cupio	Abl. Sg. o-Dekl. n	6
22	cum domino	1. Ps. Sg. e-Konjugation	3
23	laboro	Adverb	12
24	in templo	1. Ps. Sg. a-Konjugation	14

Deutsch → Latein

		Lösung	
1	glauben, anvertrauen	marītus, marītī *m*	15
2	töten	sē *Akk.*	17
3	Schaden, Unglück, Niederlage	mūrus, mūrī *m*	11
4	mir	egō *(betont)*	13
5	sich	esse, sum	22
6	sein, sich befinden	mihi *Dat.*	20
7	Ehemann	crēdere, crēdō	7
8	ich	mūnire, mūniō	6
9	Mauer	enim *(nachgestellt)*	4
10	bauen, befestigen, schützen	calamitās, calamitātis *f*	24
11	sobald	ubi *Subj. m. Ind.*	2
12	nämlich, in der Tat	necāre, necō	9

Latein → Deutsch

		Lösung	
13	hostis, hostis *m*	(be)weinen; beklagen	10
14	īra, īrae *f*	Bruder	8
15	prohibēre, prohibeō *ā m. Abl.*	Feind, Landesfeind	19
16	frāter, frātris *m*	Mord	14
17	ā / ab *Präp. m. Abl.*	vergeblich	12
18	frūstrā *Adv.*	Ufer	18
19	lacrima, lacrimae *f*	Zorn	21
20	vir, virī *m*	ernähren, großziehen	5
21	alere, alō	von; von ... her	3
22	flēre, fleō	Mann	1
23	nex, necis *f*	abhalten (von); hindern (an)	23
24	rīpa, rīpae *f*	Träne	16

Bestimme korrekt:

		Lösung	
1	neca	3. Ps. Sg. Perf.	18
2	neco	2. Ps. Sg. Praes.	6
3	necare	1. Ps. Sg. Praes.	17
4	necate	2. Ps. Sg. Perf.	16
5	necavi	Inf. Praes.	4
6	necas	Imp. Sg.	13
7	necaverunt	3. Ps. Pl. Praes.	14
8	necavistis	1. Ps. Pl. Praes.	15
9	necamus	1. Ps. Sg. Perf.	3
10	necavisti	2. Ps. Pl. Perf.	1
11	necant	Imp. Pl.	2
12	necavit	3. Ps. Pl. Perf.	5

Stammformen – Übersetze:

		Lösung	
13	ich wollte nicht/habe nicht gewollt	deposui	20
14	ich wünschte /habe gewünscht	corripui	12
15	ich verehrte/habe verehrt	munivi	8
16	ich legte nieder/habe niedergelegt	nolui	7
17	ich füllte an/habe angefüllt	alui	10
18	ich wollte/habe gewollt	petivi	21
19	ich ergriff/habe ergriffen	colui	9
20	ich verglich/habe verglichen	tenui	24
21	ich suchte auf/habe aufgesucht	volui	22
22	ich besaß/habe besessen	cupivi	11
23	ich befestigte/habe befestigt	complevi	23
24	ich ernährte/habe ernährt	composui	19

→ Eine weitere Übung für Prima B (posse) findest Du auf Seite 64

Übersetze die Wendungen:

1	hostes petere
2	a deis auxilium petere
3	sacrum facere
4	sacrum petere
5	urbem munire
6	lacrimas tenere
7	lacrimas non iam tenere
8	provinciam tenere
9	sinistra tenere
10	nece fratris dolere
11	hostes a muro prohibere
12	hostes a nece prohibere

Lösung

eine Provinz besitzen/haben	11
die Stadt befestigen	9
von den Göttern Hilfe erbitten	19
die Feinde am Mord hindern	20
mit/in der linken Hand halten	21
die Tränen zurückhalten	8
ein Heiligtum aufsuchen	12
die Feinde angreifen	23
die Feinde von der Mauer abhalten	24
die Tränen nicht mehr zurückhalten	7
Schmerz empfinden über den Mord am Bruder	22
ein Opfer machen/darbringen	10

Deutsch → Latein

Nr.	Deutsch
13	Der Freund verehrte die Götter.
14	Der Freund verglich die Götter.
15	Der Freund ernährte die Begleiter.
16	Der Freund beweinte die Götter.
17	Er wollte den Begleiter des Bruders retten.
18	Er wollte den Begleiter des Bruders nicht retten.
19	Er wollte die Begleiter des Bruders nicht retten.
20	Er musste den Begleiter des Bruders retten.
21	Er wollte die Begleiter des Bruders retten.
22	Er wollte den Bruder des Begleiters retten.
23	Er wollte die Brüder der Begleiter retten.
24	Er wollte die Brüder des Begleiters retten.

Lösung

Fratres comitum servare voluit.	6
Comites fratris servare noluit.	2
Amicus comites aluit.	3
Comites fratris servare voluit.	15
Comitem fratris servare voluit.	13
Amicus deos composuit.	1
Fratres comitis servare voluit.	4
Comitem fratris servare debuit.	17
Amicus deos flevit.	18
Amicus deos coluit.	5
Fratrem comitis servare voluit.	14
Comitem fratris servare noluit.	16

Latein → Deutsch

1	bonus, bona, bonum
2	multus, multa, multum
3	magnus, magna, magnum
4	miser, misera, miserum
5	occupāre, occupō
6	terrēre, terreō
7	cognōscere, cognōscō
8	mors, mortis *f*
9	causa, causae *f*
10	scelus, sceleris *n*
11	sors, sortis *f*
12	rēx, rēgis *m*

Lösung

Los, Orakelspruch; Schicksal	5
(jemanden) erschrecken	16
gut	12
König	4
Verbrechen; Schurke	1
besetzen, einnehmen	2
arm, erbärmlich, unglücklich	11
viel	15
erkennen, kennen lernen	3
Tod	6
Ursache; Sache; Prozess	8
groß, bedeutend	7

Deutsch → Latein

13	etwa?
14	falls, wenn
15	sowohl ... als auch
16	so
17	der äußerste, entfernteste, letzte
18	ganz
19	sicher (vor)
20	stolz, überheblich
21	wegen
22	befreien, freilassen
23	nicht kennen, nicht wissen
24	vertreiben, verbannen

Lösung

tūtus, tūta, tūtum *ā m. Abl.*	10
ita *Adv.*	23
num *(im dir. Fragesatz)*	24
īgnōrāre, īgnōrō	17
superbus, superba, superbum	18
ultimus, ultima, ultimum	9
et ... et	20
expellere, expellō	13
tōtus, tōta, tōtum	19
sī *Subj.*	21
propter *Präp. m. Akk.*	14
līberāre, līberō	22

Arm dran – Füge die korrekte Form von *miser* hinzu.

1	vir
2	viri
3	viro
4	virorum
5	viros
6	virum
7	viris
8	mulierum
9	mulieres
10	mulier
11	mulierem
12	muliere

Lösung

miserarum	19
misero	18
misera	24
miserum	16
miseram	8
miseras	5
miseros	11
miser	13
miserorum	2
miseri	15
miserā	4
miseris	3

Stammformen – Übersetze:

13	ich erschreckte/habe erschreckt
14	ich erkannte/habe erkannt
15	ich befreite/habe befreit
16	ich kannte nicht/habe nicht gekannt
17	ich fürchtete/habe gefürchtet
18	ich besetzte/habe besetzt
19	ich weinte/habe geweint
20	ich legte ab/habe abgelegt
21	ich verehrte/habe verehrt
22	ich wollte/habe gewollt
23	ich war/bin gewesen
24	ich konnte/habe gekonnt

Lösung

flevi	10
volui	22
cognovi	21
timui	9
deposui	7
occupavi	6
terrui	1
colui	23
potui	12
liberavi	17
fui	20
ignoravi	14

Übersetze die Wendungen:

1	regem non ignorare
2	multa non ignorare
3	Multi regem non ignorant.
4	urbem occupare
5	urbem capere
6	magna voce clamare
7	mortem timere
8	tutus a periculis
9	tota urbe
10	(a) periculis liberare
11	post mortem
12	hostes terrere

Lösung

sicher vor Gefahren	7
mit lauter Stimme schreien	4
eine Stadt einnehmen / besetzen	2
Viele (Menschen) kennen den König gut.	6
von Gefahren befreien	24
viel(es) gut kennen / genau wissen	15
die Feinde erschrecken	22
den König gut kennen	13
eine Stadt erobern	11
den Tod fürchten	9
nach dem Tod	20
in der ganzen Stadt	17

Übersetze die Adjektive:

13	Die Stadt ist *groß*.
14	Das Forum ist *groß*.
15	Der Mann ist *groß*.
16	Ich sah *große* Städte.
17	Ich sah *große* Berge.
18	Ich sah *große* Verbrechen.
19	Die Altäre sind *groß*.
20	Marcus und Julius sind *groß*.
21	mit *großen* Gefahren
22	der König *großer* Stämme
23	das Schicksal *großer* Männer
24	Ich weinte über ein *großes* Unglück.

Lösung

magnis	23
magnos	21
magnum	3
magnorum	8
magnus	5
magnarum	16

magna *(Nom. Sg.)*	1
magnas	14
magnam	12
magni	19
magna *(Akk. Pl.)*	18
magnae	10

Deutsch → Latein

		Lösung	
1	nachdem	manēre, maneō	14
2	alle (zusammen)	sōlum *Adv.*	17
3	aufgeben; verlieren	tōtus, tōta, tōtum	16
4	ganz	āmittere, āmittō	18
5	ein anderer	mīles, mīlitis *m*	4
6	bleiben, warten (auf)	legiō, legiōnis *f*	2
7	übrig bleiben; Widerstand leisten	cūnctī, cūnctae, cūncta	13
8	ein(er), ein einziger	ūnus, ūna, ūnum	3
9	nur	cōnsulere, cōnsulō *dē m. Abl.*	6
10	befragen, beraten (über)	postquam *Subj. m. Ind. Perf.*	15
11	Soldat	restāre, restō	1
12	Legion	alius, alia, aliud	5

Latein → Deutsch

		Lösung	
13	moenia, moenium *n Pl.*	aber	9
14	labor, labōris *m*	meinen, einschätzen; stimmen für	24
15	equidem	(Stadt-)Mauern	21
16	vincere, vincō	Stadt	10
17	altus, alta, altum	Antrag (im Senat); Meinung; Satz	20
18	cēnsēre, cēnseō *m. Akk.*	Anstrengung, Arbeit	19
19	aperīre, aperiō	sein / ihr	12
20	vērō *Adv.*	aufdecken, öffnen	8
21	proelium, proeliī *n*	hoch; tief	7
22	sententia, sententiae *f*	(ich) allerdings; freilich	23
23	oppidum, oppidī *n*	Kampf, Schlacht	11
24	suus, sua, suum	(be)siegen, übertreffen	22

Bestimme korrekt:

			Lösung	
1	vide		1. Ps. Pl. Praes.	11
2	videt		1. Ps. Sg. Perf.	5
3	videre		3. Ps. Sg. Praes.	9
4	videte		3. Ps. Pl. Praes.	2
5	vidi		Imp. Pl.	8
6	vides		2. Ps. Sg. Praes.	10
7	viderunt		Imp. Sg.	7
8	vidistis		3. Ps. Sg. Perf.	4
9	videmus		1. Ps. Pl. Perf.	6
10	vidimus		Inf. Praes.	12
11	vident		2. Ps. Pl. Perf.	1
12	vidit		3. Ps. Pl. Perf.	3

Stammformen – Übersetze:

			Lösung	
13	ich erblickte / habe erblickt		egi	17
14	ich kam hinzu / bin hinzugekommen		amisi	20
15	ich lachte / habe gelacht		risi	23
16	ich verlor / habe verloren		accessi	21
17	ich machte / habe gemacht		consului *(de m. Abl.)*	13
18	ich blieb / bin geblieben		vici	18
19	ich kam zu … / bin zu … gekommen		reliqui	14
20	ich beriet / habe beraten über		duxi	22
21	ich handelte / habe gehandelt		feci	15
22	ich führte / habe geführt		aspexi	19
23	ich verließ / habe verlassen		mansi	24
24	ich siegte / habe gesiegt		perveni *(ad m. Akk.)*	16

Übersetze die Wendungen:

1	aliud cupere
2	aliud cupere, aliud dicere
3	Alii clamant, alii tacent.
4	non solum videre, sed etiam audire
5	Romanos hostes vocare
6	magna voce vocare
7	in curiam convenire
8	amicos convenire
9	senatores consulere
10	de salute consulere
11	proelio vincere
12	Romam contendere

Lösung

Freunde besuchen / treffen	13
über die Rettung beraten	18
die Senatoren befragen	23
Die einen schreien, die anderen schweigen.	24
etwas anderes wollen	19
in der Schlacht siegen	14
in der Kurie zusammenkommen	15
nicht nur sehen, sondern auch hören	20
mit lauter Stimme rufen	22
das eine wollen, das andere sagen	21
nach Rom eilen	16
die Römer als Feinde bezeichnen	17

Übersetze:

13	Mein Vater sieht dich.
14	Mein Vater sah dich.
15	Dein Vater sah mich.
16	Dein Vater sah uns.
17	Eure Mutter hilft mir.
18	Eure Mutter half mir.
19	Unsere Mutter hilft dir.
20	Unsere Mutter hilft euch.
21	Die Freunde meines Bruders kommen.
22	Die Freunde meines Bruders kamen.
23	Die Freunde eurer Schwester kommen.
24	Die Freunde unserer Schwester kommen.

Lösung

Amici sororis vestrae veniunt.	2
Pater meus te videt.	7
Mater vestra mihi adfuit.	12
Mater nostra vobis adest.	1
Amici sororis nostrae veniunt.	6
Pater tuus me vidit.	11
Amici fratris mei venerunt.	10
Amici fratris mei veniunt.	5
Mater vestra mihi adest.	3
Pater tuus nos vidit.	8
Pater meus te vidit.	9
Mater nostra tibi adest.	4

Latein → Deutsch

			Lösung	
1	appellāre, appellō		besonders, vor allem	17
2	quia *Subj. m. Ind.*		beschließen, entscheiden, zuerkennen	1
3	familia, familiae *f*		Familie; Hausgemeinschaft	20
4	superāre, superō		Tapferkeit, Tüchtigkeit; Leistung; Vortrefflichkeit	6
5	dēcernere, dēcernō		anrufen, nennen, bezeichnen (als)	23
6	nescīre, nesciō		besiegen; überragen; übertreffen	12
7	scīre, sciō		nicht wissen	10
8	imprīmīs *Adv.*		weil	9
9	posteā *Adv.*		gute Eigenschaften, Verdienste	4
10	crīmen, crīminis *n*		nachher, später	7
11	virtūs, virtūtis *f*		Beschuldigung, Vorwurf, Verbrechen	14
12	virtūtēs, virtūtum *f*		wissen, kennen, verstehen	3

Deutsch → Latein

13	falsch
14	und nicht; auch nicht; nicht einmal
15	schließlich, zuletzt
16	(sich) irren
17	die Hoffnung aufgeben (auf); verzweifeln (an)
18	pflegen, sorgen für, besorgen
19	sich bemühen (um), streben (nach)
20	aufgeben, entlassen
21	Beispiel, Vorbild
22	Leben, Lebensweise
23	allein, einzig
24	berühmt, hell, klar

Lösung

neque	21	studēre, studeō *m. Dat.*	16
exemplum, exemplī *n*	13	vīta, vītae *f*	22
clārus, clāra, clārum	2	dēnique *Adv.*	19
cūrāre, cūrō *m. Akk.*	8	dēspērāre, dēspērō *dē m. Abl.*	15
dīmittere, dīmittō	5	falsus, falsa, falsum	11
errāre, errō	24	sōlus, sōla, sōlum	18

Bestimme die Form des Relativpronomens.

1	Marcus Iuliam amat, de qua narravi.
2	Marcus Iuliam amat, cuius frater Gaius est.
3	Marcus Iuliam amat, quae soror Gai est.
4	Marcus Iuliam amat, quam cuncti amant.
5	Marcus Iuliam amat, cui cuncti adsunt.
6	Marcus templum intrat, quod videtis.
7	Marcus templum intrat, quod cunctis placet.
8	Marcus templum intrat, de quo narravi.
9	Marcus, de quo narravi, templa spectat.
10	Marcus, qui templa spectat, amicus meus est.
11	Marcus templa spectat, quae vidistis.
12	Marcus templa spectat, quae cunctis placent.

Lösung

Akk. Sg. n	20	Nom. Sg. n	13
Gen. Sg. f	19	Abl. Sg. f	23
Akk. Pl. n	18	Akk. Sg. f	24
Abl. Sg. n	17	Abl. Sg. m	9
Nom. Sg. f	10	Dat. Sg. f	3
Nom. Pl. n	14	Nom. Sg. m	4

Stammformen – Übersetze:

13	ich beschloss / habe beschlossen
14	ich beschließe
15	ich blieb (zurück) / bin (zurück) geblieben
16	ich bleibe (zurück)
17	ich wusste nicht / habe nicht gewusst
18	ich weiß nicht
19	ich bemühte mich / habe mich bemüht
20	ich bemühe mich
21	du irrtest dich / hast dich geirrt
22	du besiegtest / hast besiegt
23	ihr irrtet euch / habt euch geirrt
24	ihr besiegtet / habt gesiegt

Lösung

erravisti	15
vicistis	16
nescio	22
remansi	21
decrevi	11
remaneo	12
superavisti	8
studui	2
decerno	7
nescivi	1
studeo	5
erravistis	6

Übersetze die Wendungen:

1	regem appellare
2	te regem appellare
3	cunctos virtute superare
4	cunctos hostes superare
5	hostes proelio superare
6	te in crimen vocare
7	te consulem vocare
8	te ad me vocare
9	te curare
10	desperare de salute
11	victoriae studere
12	quis vestrum?

Lösung

alle Feinde besiegen	20
die Hoffnung auf Rettung aufgeben	16
dich anschuldigen	24
sich um den Sieg bemühen	13
wer von euch?	17
für dich sorgen; sich kümmern um dich	21
dich als Konsul bezeichnen	18
den König anrufen	19
die Feinde im Kampf besiegen	15
alle an Tapferkeit übertreffen	22
dich zu mir rufen	14
dich König nennen	23

Übersetze das Relativpronomen:

13	Romani Hannibalem, de quo audivistis, timuerunt.
14	Romani Hannibalem, qui vir clarus fuit, timuerunt.
15	Romani, qui Hannibalem timuerunt, denique vicerunt.
16	Romani Hannibalem, quem timuerunt, denique vicerunt.
17	Iuppiter, cuius templum in Capitolio est, Romanos curat.
18	Vesta, cuius templum in foro est, Romanos curat.
19	Romani in periculo fuerunt. Quod cunctos terruit.
20	„Ad me currite!“ Quibus verbis consul milites vocavit.
21	Romani Hannibalem timuerunt. Qui vir clarus fuit.
22	Romani Hannibalem timuerunt. De quo audivistis.
23	Romani Hannibalem vicerunt. Quem diu timuerunt.
24	Iuppiter Romanos curat, quod deus Romanorum est.

Lösung

Dieser	3
den / welchen	7
Von diesem	11
deren	10
Dies / Das	6
Diesen	2

Mit diesen	1
dessen	5
die / welche	9
der / welcher	12
von dem / welchem	8
weil	4

Deutsch → Latein

1	Schlaf
2	Nacht
3	Licht, Tageslicht
4	wecken, erregen, ermuntern
5	herbeirufen, holen
6	befehlen, herrschen (über)
7	bemerken, wahrnehmen
8	vor
9	wenige
10	der höchste, der letzte, der oberste
11	der erste
12	aufdecken, öffnen

Lösung

ante *Präp. m. Akk.*	17
arcessere, arcessō	13
prīmus, prīma, prīmum	18
somnus, somnī *m*	5
animadvertere, animadvertō	10
aperīre, aperiō	9
summus, summa, summum	14
lūx, lūcis *f*	2
paucī, paucae, pauca	1
nox, noctis *f*	3
imperāre, imperō *m. Dat.*	4
excitāre, excitō	6

Latein → Deutsch

13	profectō *Adv.*
14	duo, duae, duo
15	claudere, claudō
16	convocāre, convocō
17	accūsāre, accūsō
18	discēdere, discēdō
19	vītāre, vītō
20	monēre, moneō
21	pellere, pellō
22	postulāre, postulō
23	cognōscere, cognōscō
24	īnsidiae, īnsidiārum *f Pl.*

Lösung

meiden, vermeiden	22
zwei	16
erkennen, kennenlernen	24
anklagen, beschuldigen	21
sicherlich, tatsächlich	11
Falle, Attentat, Hinterlist	20

schlagen, vertreiben	19
abschließen, einschließen	7
auseinandergehen, weggehen	8
(er)mahnen	23
fordern	15
versammeln, zusammenrufen	12

Ordne die entsprechende Form von *is, ea, id* zu.

1	quibus
2	qui *(Nom. Sg. m)*
3	quod
4	quae *(Nom. o. Akk. Pl. n)*
5	quae *(Nom. Pl. f)*
6	quos
7	qui *(Nom. Pl. m)*
8	cuius
9	quem
10	quam
11	cui
12	quarum

Lösung

id	23
eos	19
eius	15
eum	24
ea	21
ei	16
is	20
eis / iis	22
eam	18
earum	14
ii / ei	13
eae	17

Übersetze korrekt:

13	ich vertrieb / habe vertrieben
14	du zeigtest / hast gezeigt
15	er antwortete / hat geantwortet
16	wir gaben / haben gegeben
17	ihr schlugt / habt geschlagen
18	sie ermahnten / haben ermahnt
19	ich schickte / habe geschickt
20	du begannst / hast begonnen
21	er berührte / hat berührt
22	wir blieben übrig / sind übrig geblieben
23	ihr standet auf / seid aufgestanden
24	sie liefen / sind gelaufen

Lösung 1

expuli	9
ostetendisti	5
respondit	11
dedimus	10
pepulitis	9
monserunt	1
misi	1
instituis	10
attigit	6
restitimus	8
surrexistis	3
curserunt	1

Lösung 2

expelli	3
ostendisti	7
respondet	8
davimus	6
pepulistis	2
monuerunt	12
mimisi	11
instituisti	4
attingit	12
restimus	14
surrexitis	15
cucurrerunt	5

Übersetze die Wendungen:

1	multa nocte
2	prima luce
3	in summo periculo esse
4	pericula vitare
5	vitam agere
6	gratias agere
7	negotia agere
8	servis imperare
9	populis imperare
10	de salute consulere
11	in curiam convenire
12	Romam contendere

Lösung

über die Rettung beraten	9
den Sklaven befehlen	5
Geschäfte machen	1
Gefahren vermeiden	12
danken	8
in höchster Gefahr sein	4
nach Rom eilen	2
in der Kurie zusammenkommen	6
das Leben führen	10
in tiefer Nacht	11
über die Völker herrschen	3
bei Tagesanbruch	7

Übersetze:

13	Is vir suas orationes laudat.
14	Orationes suae ei viro placent.
15	Cuncti orationes eius laudant.
16	Cuncti orationes eius viri laudant.
17	Cuncti viri orationes eius laudant.
18	Orationes eius viri cunctis placent.
19	Cuncti de vita sua narrant.
20	Cuncti de vita eius narrant.
21	Pauci de vita eius narrant.
22	Pauca de vita eius narrant.
23	Cur ei currunt?
24	Cur eo currunt?

Lösung

Sie erzählen weniges über sein / ihr Leben.	20
Alle loben seine (dessen) Reden.	16
Alle loben die Reden dieses Mannes.	24
Alle Männer loben seine (dessen) Reden.	13
Wenige erzählen über sein / ihr Leben.	21
Alle erzählen über sein / ihr Leben.	17
Warum laufen sie dorthin?	22
Alle erzählen von ihrem eigenen Leben.	14
Warum laufen diese / sie?	18
Die Reden dieses Mannes gefallen allen.	15
Dieser Mann lobt seine eigenen Reden.	23
Seine eigenen Reden gefallen diesem Mann.	19

Latein → Deutsch

1	dum *Subj.*
2	etsī *Subj.*
3	cum *Subj. m. Ind.*
4	quamquam *Subj.*
5	vehemēns, vehemēns, vehemēns; vehementis *(Gen.)*
6	ingēns, ingēns, ingēns; ingentis *(Gen.)*
7	potēns, potēns, potēns; potentis *(Gen.)*
8	vērus, vēra, vērum
9	pulcher, pulchra, pulchrum
10	praestāre, praestō *m. Dat.*
11	valēre, valeō
12	annus, annī *m*

Lösung

schön	21
obwohl	20
auch wenn, obwohl	23
Einfluss haben, gesund sein, stark sein	14
gewaltig, ungeheuer	12
Jahr	6
mächtig, stark	17
während, solange, (so lange) bis	7
(immer) wenn; als (plötzlich); (zu der Zeit), als	22
übertreffen	15
heftig, energisch, kritisch	16
echt, richtig, wahr	1

Deutsch → Latein

13	zufrieden (mit)
14	neu, ungewöhnlich
15	feindlich
16	Stunde, Zeit
17	Feind
18	Truppen
19	Schiff
20	Körper, Leichnam
21	erkennen, genau betrachten, sehen
22	lenken, ordnen
23	hinzufügen, anschließen
24	zusammenwerfen; folgern, vermuten

Lösung

nāvis, nāvis *f*	18
hōra, hōrae *f*	8
inimīcus, inimīca, inimīcum	10
cōpiae, cōpiārum *f Pl.*	9
contentus, contenta, contentum *m. Abl.*	19
conicere, coniciō	4
corpus, corporis *n*	13
novus, nova, novum	11
inimīcus, inimīcī *m*	5
perspicere, perspiciō	3
temperāre, temperō *m. Akk.*	24
adiungere, adiungō	2

Wie fragt man nach dem/den *kursiv* gedruckten Wort/Wörtern?

1	*Nos* donis patris gaudemus.
2	Nos *donis* patris gaudemus.
3	Nos donis *patris* gaudemus.
4	*Dona* nobis placent.
5	Dona *nobis* placent.
6	Pater *nos* multos annos non iam vidit.
7	Pater nos *multos annos* non iam vidit
8	Nos *prima luce* a patre discessimus.
9	Nos prima luce a *patre* discessimus.
10	Pater *in aede nostra* remansit.
11	Pater aedem nostram *clamore* complevit.
12	Postea nos *in aedem nostram* recessimus.

Lösung

keine Abfrage *(Präp. m. Abl.)*	11
Wessen?	18
Wie lange?	1
Wer?	9
Womit?	3
Wann?	4
Worüber?	13
Wo? *(in m. Abl.)*	6
Wohin? *(in m. Akk.)*	2
Wen?	8
Was?	10
Wem?	5

Stammformen – Übersetze:

13	ich beschloss/habe beschlossen
14	ich schloss an/habe angeschlossen
15	ich vermutete/habe vermutet
16	ich versammelte/habe versammelt
17	ich lenkte/habe gelenkt
18	ich hielt/habe gehalten
19	ich erkannte/habe erkannt habe
20	ich erblickte/habe erblickt
21	du hattest Einfluss/hast Einfluss gehabt
22	du wolltest/hast gewollt
23	ihr übertraft/habt übertroffen
24	ihr bliebt übrig/seid übrig geblieben

Lösung

tenui	24
voluisti	20
decrevi	22
convocavi	21
restitistis	12
temperavi	7
valuisti	17
aspexi	15
adiunxi	19
praestitistis	16
conieci	23
perspexi	14

Übersetze die Wendungen:

		Lösung	
1	totum annum	die Feinde an Macht übertreffen	8
2	multos annos	eine Menge Gold schicken	23
3	multas horas	viele Jahre (lang)	14
4	multa nocte	bei Tagesanbruch	12
5	prima luce	für sich gewinnen	1
6	sibi adiungere	das ganze Jahr (lang)	16
7	inimicos potentia praestare	nach der Königsherrschaft streben	19
8	inimici morte contentus esse	die Herrschaft ordnen	18
9	imperium temperare	Truppen schicken	21
10	copiam auri mittere	in tiefer Nacht	3
11	copias mittere	mit dem Tod des Feindes zufrieden sein	10
12	regnum petere	viele Stunden (lang)	5

Übersetze genau:

13	gewaltige Macht *(Nom. Sg.)*
14	gewaltige Macht *(Akk. Sg.)*
15	gewaltige Macht *(Gen. Sg.)*
16	gewaltige Macht *(Abl. Sg.)*
17	gewaltige Macht *(Dat. Sg.)*
18	ein mächtiger Feind *(Nom. Sg.)*
19	ein mächtiger Feind *(Gen. Sg.)*
20	ein mächtiger Feind *(Akk. Sg.)*
21	ein mächtiger Feind *(Abl. Sg.)*
22	mächtige Feindinnen *(Nom. Pl.)*
23	mächtige Feindinnen *(Akk. Pl.)*
24	mächtige Königreiche *(Nom. Pl.)*

Lösung

potentiam ingentem	2
potentia ingens	4
potentiae ingentis	6
inimici potentis	7
inimicas potentes	9
regna potentia	11
inimicae potentes	13
potentia ingenti	15
inimicus potens	17
potentiae ingenti	20
inimicum potentem	22
inimico potenti	24

Deutsch → Latein

1	einige, manche
2	niemand
3	hinausgehen, weggehen
4	Befehl, Befehlsgewalt; Herrschaft, Herrschaftsgebiet
5	wegführen
6	eilen, stürmen, stürzen
7	wegführen, rauben, wegreißen
8	fassen, nehmen, erobern
9	Kopf, Haupt, Hauptstadt
10	Denkmal
11	sofort
12	glauben, meinen

Lösung

ruere, ruō	21
caput, capitis *n*	20
nēmō, nēminis	22
abdūcere, abdūcō	8
prōtinus *Adv.*	11
nōnnūllī, nōnnūllae, nōnnūlla	24
capere, capiō	12
monumentum, monumentī *n*	7
imperium, imperiī *n*	23
putāre, putō	9
rapere, rapiō	10
excēdere, excēdō	19

Latein → Deutsch

13	auctor, auctōris *m*
14	quīn *(im Hauptsatz)*
15	nūper *Adv.*
16	improbus, improba, improbum
17	manifestus, manifesta, manifestum
18	ēripere, ēripiō
19	laedere, laedō
20	reperīre, reperiō
21	committere, committō
22	interrogāre, interrogō
23	aurum, aurī *n*
24	quaerere, quaerō

Lösung

entreißen	13
fragen	15
Anführer, Gründer, Ratgeber, Verfasser	18
schlecht, unanständig	17
Gold	5
beschädigen, verletzen, beleidigen	3
vielmehr; warum nicht?	16
offenkundig; überführt	4
erwerben wollen, suchen	1
neulich, vor kurzem	14
anvertrauen, veranstalten, zustande bringen	2
(wieder) finden	6

Übersetze korrekt:

1	ich ging hinaus/bin hinaus gegangen
2	du führtest ein/hast eingeführt
3	er entriss/hat entrissen
4	wir führten weg/haben weggeführt
5	ihr raubtet/habt geraubt
6	sie fanden/haben gefunden
7	ich fragte/habe gefragt
8	du suchtest/hast gesucht
9	er stürmte/ist gestürmt
10	wir halfen/haben geholfen
11	ihr vertrautet an/habt anvertraut
12	sie verletzten/haben verletzt

Lösung 1

excedi	2
inducisti	6
eripuit	10
abduximus	11
rapuistis	3
reperuerunt	12
interrogavi	1
quaeristi	11
ruit	9
adfuimus	4
commisitis	1
laederunt	5

Lösung 2

excessi	12
induxisti	8
eripit	4
abducimus	9
rapapistis	8
reppererunt	7
interrogasi	10
quaesivisti	5
ruxit	3
afuimus	7
commisistis	6
laeserunt	2

AcI – Übersetze:

13	Puer puellam venire scit.
14	Puer puellam venire putat.
15	Puer puellam venire iubet.
16	Puer puellam venire nuntiat.
17	Puer puellam venire dicit.
18	Puer puellam venire audit.
19	Puella puerum venire audit.
20	Puellae puerum venire audiunt.
21	Puellae pueros venire audiverunt.
22	Pueri puellam venire audiunt.
23	Pueri puellas venire audiunt.
24	Pueri puellas venire audiverunt.

Lösung

Der Junge hört, dass das Mädchen kommt.	22
Die Jungen hören, dass die Mädchen kommen.	17
Der Junge befiehlt, dass das Mädchen kommt.	21
Das Mädchen hört, dass der Junge kommt.	13
Der Junge weiß, dass das Mädchen kommt.	23
Die Jungen hörten, dass die Mädchen kamen.	16
Die Mädchen hörten, dass die Jungen kamen.	15
Der Junge meldet, dass das Mädchen kommt.	24
Der Junge glaubt, dass das Mädchen kommt.	19
Die Jungen hören, dass das Mädchen kommt.	20
Die Mädchen hören, dass der Junge kommt.	18
Der Junge sagt, dass das Mädchen kommt.	14

Übersetze die Wendungen:

		Lösung	
1	cunctis adesse	Arbeiten verrichten/ausführen	1
2	Nemo id nescit.	dir Geld anvertrauen	2
3	Te improbum puto.	den alten Mann pflegen	3
4	Te improbum esse puto.	ein Verbrechen begehen	4
5	scelus committere	Krieg führen	5
6	ludos committere	sich um Geschäfte kümmern	6
7	tibi pecuniam committere	Spiele/Wettkämpfe veranstalten	7
8	negotia curare	Jeder weiß das.	8
9	liberos curare	Ich halte dich für unanständig.	9
10	senem curare	für die Kinder sorgen	10
11	bellum gerere	Ich glaube, dass du unanständig bist.	11
12	labores gerere	allen helfen	12

AcI – Übersetze:

		Lösung	
13	Pater me laborare videt.	Ich sah, dass der Vater gearbeitet hatte.	13
14	Pater me laboravisse videt.	Ich sehe, dass der Vater arbeitet.	14
15	Pater me laboravisse vidit.	Ihr seht, dass der Vater gearbeitet hat.	15
16	Pater me laborare vidit.	Ihr saht, dass der Vater arbeitete.	16
17	Patrem laborare video.	Wir sahen, dass der Vater gearbeitet hatte.	17
18	Patrem laboravisse video.	Ich sah, dass der Vater arbeitete.	18
19	Patrem laboravisse vidi.	Wir sahen, dass der Vater arbeitete.	19
20	Patrem laborare vidi.	Der Vater sieht, dass ich gearbeitet habe.	20
21	Patrem laborare vidistis.	Ich sehe, dass der Vater gearbeitet hat.	21
22	Patrem laborare vidimus.	Der Vater sah, dass ich gearbeitet hatte.	22
23	Patrem laboravisse vidimus.	Der Vater sah, dass ich arbeitete.	23
24	Patrem laboravisse videtis.	Der Vater sieht, dass ich arbeite.	24

Latein → Deutsch

1	negāre, negō
2	paene *Adv.*
3	vīs *f (Akk. vim, Abl. vī)*
4	dēficere, dēficiō
5	exīstimāre, exīstimō
6	vīres, vīrium *f Pl.*
7	dēbēre, dēbeō
8	dubitāre, dubitō
9	animus, animī *m*
10	umerus, umerī *m*
11	sentīre, sentiō
12	crēscere, crēscō

Lösung

zögern	7
abnehmen, ermatten; verlassen, ausgehen	19
fühlen, meinen, wahrnehmen	8
fast, beinahe	22
(Streit-)Kräfte	21
wachsen	10
verneinen, leugnen; verweigern	20
müssen, sollen; schulden	9
Gewalt, Kraft, Menge	23
Oberarm, Schulter	12
Geist, Mut, Gesinnung	24
(ein)schätzen, meinen	11

Deutsch → Latein

13	vorher
14	behaupten; eilen, sich anstrengen
15	eng, schwierig
16	wiederum
17	die meisten, sehr viele
18	jmd. fragen
19	aber; in der Tat, wirklich
20	Mädchen
21	ja sogar, vielmehr; im Gegenteil
22	erlauben, nachgeben, zugestehen
23	es ist nötig, es gehört sich
24	zuerst

Lösung

vērō *Adv.*	3
oportet	1
contendere, contendō	15
plērīque, plēraeque, plēraque	4
concēdere, concēdō	16
quaerere, quaerō *ē/ex m. Abl.*	18
ante *Adv.*	13
prīmō *Adv.*	5
iterum *Adv.*	14
immō (vērō) *Adv.*	6
angustus, angusta, angustum.	17
virgō, virginis *f*	2

Übersetze:

1	si
2	se
3	sine
4	secum
5	me
6	sui
7	suus, sua, suum
8	sibi
9	te
10	a se
11	tibi
12	tui

Lösung

sich *(Dat.)*	19
sich *(Akk.)*	10
mich	23
von sich	24
ohne	11
seiner	9
wenn	8
deiner	22
mit sich	7
dich	12
dir	20
sein / ihr	21

Stammformen – Übersetze:

13	ich leugnete/habe geleugnet
14	ich schätzte ein/habe eingeschätzt
15	ich vermutete/habe vermutet
16	ich fühlte/habe gefühlt
17	ich wuchs/bin gewachsen
18	ich erlaubte/habe erlaubt
19	es gehörte sich/hat sich gehört
20	ich behauptete/habe behauptet
21	du hattest Einfluss/hast Einfluss gehabt
22	du ermattetest/bist ermattet
23	sie zögerten/haben gezögert
24	ihr verließt/habt verlassen

Lösung

valuisti	18
reliquistis	17
crevi	16
negavi	1
sensi	2
defecisti	4
concessi	6
dubitaverunt	13
conieci	5
oportuit	15
existimavi	3
contendi	14

Übersetze die Wendungen:

1	Copias ducere debeo.
2	iterum atque iterum
3	quaerere ex amico
4	quaerere amicum
5	Viri deficiunt.
6	totam noctem
7	animo deficere
8	secum ducere
9	Vires deficiunt.
10	paulo ante
11	cum animo suo cogitare
12	Vires ducere non debeo.

Lösung

den Mut sinken lassen	21
bedenken, überlegen	24
den Freund suchen	18
immer wieder	15
kurz vorher	20
mit sich führen, bei sich führen	23
Ich muss die Truppen führen.	17
den Freund fragen	14
Die Männer gehen aus/fehlen.	19
Ich darf die Streitkräfte nicht führen.	22
die ganze Nacht (hindurch)	16
Die Kräfte ermatten.	13

AcI – Übersetze:

13	Vir se timere scit.
14	Virgo se timere scit.
15	Virgo eam timere scit.
16	Virgo eum timere scit.
17	Virgo id timere debet.
18	Vir eam timere scit.
19	Vir eum timere scit.
20	Viri se timere contendunt.
21	Viri eos timere contendunt.
22	Viri se timere existimant.
23	Viri se timere negant.
24	Viri se timere sciunt.

Lösung

Das Mädchen muss das fürchten.	9
Die Männer leugnen, dass sie (selbst) sich fürchten.	12
Das Mädchen weiß, dass er (dieser) sich fürchtet.	6
Das Mädchen weiß, dass es (selbst) sich fürchtet.	3
Die Männer wissen, dass sie (selbst) sich fürchten.	8
Die Männer behaupten, dass sie (selbst) sich fürchten.	11
Der Mann weiß, dass er (selbst) sich fürchtet.	5
Der Mann weiß, dass sie (diese) sich fürchtet.	2
Die Männer behaupten, dass sie (diese) sich fürchten.	7
Der Mann weiß, dass er (dieser) sich fürchtet.	10
Die Männer meinen, dass sie (selbst) sich fürchten.	4
Das Mädchen weiß, dass sie (diese) sich fürchtet.	1

Deutsch → Latein

1	die Übrigen
2	weder ... noch
3	(aus)ruhen, schlafen
4	verlangen, wünschen, wollen
5	die Hoffnung aufgeben, verzweifeln
6	durcheinander bringen, stören
7	dunkel, unbekannt
8	Wind
9	Meer
10	Seemann, Matrose
11	Welle, Gewässer
12	sitzen

Lösung

nauta, nautae *m*	2
quiēscere, quiēscō	7
neque ... neque	12
turbāre, turbō	11
sedēre, sedeō	6
dēspērāre, dēspērō	1
ventus, ventī *m*	3
mare, maris *n*	8
cēterī, cēterae, cētera	10
obscūrus, obscūra, obscūrum	5
unda, undae *f*	4
cupere, cupiō	9

Latein → Deutsch

13	fīnis, fīnis *m*
14	fīnēs, fīnium *m Pl.*
15	dēsīderāre, dēsīderō *m. Akk.*
16	observāre, observō
17	volāre, volō
18	trahere, trahō
19	celeritās, celeritātis *f*
20	pīrāta, pīrātae *m*
21	scelerātus, scelerāta, scelerātum
22	captīvus, captīva, captīvum
23	quotiēns
24	at

Lösung

aber, jedoch, dagegen	13
fliegen, eilen	18
Gebiet	23
gefangen; Subst.: (Kriegs-)Gefangener	24
sich sehnen nach, vermissen	19
verbrecherisch, schädlich; Subst.: Verbrecher	14
wie oft, so oft	15
ziehen, schleppen	20
Grenze; Ende; Ziel, Zweck	21
Pirat, Seeräuber	16
Schnelligkeit	17
beobachten	22

Übersetze:

1	supera
2	superavi
3	superabat
4	superat
5	superate
6	superare
7	superabas
8	supero
9	superavistis
10	superavisse
11	superabam
12	superabamus

Lösung

ihr besiegtet/habt besiegt	18
er/sie besiegt	13
besiege!	14
ich besiegte	1
du besiegtest	4
ich besiegte/habe besiegt	16
wir besiegten	3
ich besiege	2
er/sie besiegte	17
besiegt!	6
besiegt (zu) haben	5
(zu) besiegen	15

Stammformen – Ergänze korrekt:

13	sedeo		sedi
14		sedebat	sedit
15	sedetis		sedistis
16	sedent	sedebant	
17		trahebamus	traximus
18	trahunt		traxerunt
19	trahis	trahebas	
20	traho		traxi
21	quiescit	quiescebat	
22	quiesco		quievi
23	quiescunt	quiescebant	
24	quiescimus		quievimus

Lösung

trahebant	23	traxisti	9	sederunt	19
quiescebam	21	quiescebamus	11	quieverunt	7
sedebatis	24	sedet	22	trahebam	8
trahimus	10	quievit	12	sedebam	20

Übersetze die Wendungen:

1	in tuto esse
2	mare turbare
3	magno cum clamore
4	fines hostium petere
5	o nos miseros
6	o me miserum
7	finem itineris desiderare
8	mare observare
9	salutem desiderare
10	de salute desperare
11	navem capere
12	magna celeritate

Lösung

sich nach Rettung sehnen	22
ach, ich Armer/Unglücklicher!	19
das Meer aufwühlen	20
das Gebiet der Feinde aufsuchen	23
in Sicherheit sein	24
an der Rettung verzweifeln	16
sich nach dem Ende der Reise sehnen	7
mit großer Schnelligkeit, sehr schnell	14
ach, wir Armen/Unglücklichen!	15
ein Schiff entern	12
das Meer beobachten	17
mit lautem Geschrei	21

Übersetze genau:

13	Meer *(Dat. u Abl. Sg.)*
14	Meer *(Dat. u. Abl. Pl.)*
15	Meer *(Nom. u. Akk. Pl.)*
16	Meer *(Nom. u. Akk. Sg.)*
17	Meer *(Gen. Sg.)*
18	Meer *(Gen. Pl.)*
19	Kraft *(Nom. Sg.)*
20	Kraft *(Abl. Sg.)*
21	Kraft *(Dat. u. Abl. Pl.)*
22	Kraft *(Akk. Sg.)*
23	Kraft *(Nom. u. Akk. Pl.)*
24	Männer *(Dat. u. Abl. Pl.)*

Lösung

viribus	4
maris	2
mari	11
mare	18
vi	6
vires	5

vis	1
viris	3
maribus	13
vim	8
marium	10
maria	9

Latein → Deutsch

		Lösung	
1	fortis, fortis, forte	Flotte, Abteilung	24
2	omnis, omnis, omne	zugrunde gehen, umkommen	15
3	celer, celeris, celere	ganz, jeder; *Pl.* alle	16
4	īre, eō	Tapferkeit, Tüchtigkeit, Vortrefflichkeit, Leistung	2
5	adīre, adeō *m. Akk.*	hinübergehen, überschreiten, durchqueren	3
6	perīre, pereō	herantreten (an), bitten	5
7	trānsīre, trānseō	tapfer, kräftig	14
8	inīre, ineō	gehen	13
9	īnstāre, īnstō	Schaden, Unglück	4
10	classis, classis *f*	hineingehen, beginnen	19
11	virtūs, virtūtis *f*	schnell	17
12	calamitās, calamitātis *f*	bevorstehen, hart zusetzen	18

Deutsch → Latein

		Lösung	
13	Beute	fugere, fugiō *m. Akk.*	12
14	Glück, Schicksal	grātus, grāta, grātum	10
15	leicht (zu tun)	sūmere, sūmō	11
16	adelig, berühmt, vornehm	fortūna, fortūnae *f*	21
17	dankbar, willkommen, beliebt	dēserere, dēserō	7
18	anständig, gut	praeda, praedae *f*	1
19	offenkundig, überführt	nōbilis, nōbilis, nōbile	20
20	lenken, leiten, beherrschen	fallere, fallō	22
21	fliehen (vor), meiden	facilis, facilis, facile	23
22	täuschen, betrügen	manifestus, manifesta, manifestum	9
23	verlassen, im Stich lassen	regere, regō	8
24	nehmen	probus, proba, probum	6

Bestimme korrekt:

1	fortis
2	celeris
3	omne
4	omni
5	fortia
6	celer
7	omnes
8	celeribus
9	celerium
10	gratis
11	probi
12	gratum

Lösung

Nom. Sg. m	24
Gen. Pl. m/f/n	22
Nom. und Akk. Sg. n	21
Gen. Sg. m/n und Nom. Pl. m	2
Dat. u. Abl. Pl. m/f/n *(3. Dekl.)*	7
Nom. Sg. m/f und Gen. Sg. m/f/n	19
Dat. und Abl. Pl. m/f/n *(a-/o-Dekl.)*	15
Akk. Sg. m und Nom. und Akk. Sg. n	12
Nom. Sg. f und Gen. Sg. m/f/n	11
Dat. und Abl. Sg. m/f/n	8
Nom. und Akk. Pl. m/f	5
Nom. und Akk. Pl. n	16

Stammformen – Übersetze:

13	ich trat heran/bin herangetreten
14	ich kam um/bin umgekommen
15	ich ging hinüber/bin hinüber gegangen
16	ich ging/bin gegangen
17	ich ging hinein/bin hineingegangen
18	ich leugnete/habe geleugnet
19	ich tötete/habe getötet
20	du setztest zu/hast zugesetzt
21	du machtest Halt/hast halt gemacht
22	sie lenkten/haben gelenkt
23	sie täuschten/haben getäuscht
24	sie ließen im Stich/haben im Stich gelassen

Lösung

necavi	6
fefellerunt	14
ii	20
negavi	9
adii	13
rexerunt	18
inii	17
deseruerunt	3
perii	23
institisti	1
transii	10
constitisti	4

Übersetze die Wendungen:

1	periculum fugere
2	inimicis instare
3	Periculum instat.
4	gratus esse deis
5	perii
6	piratas fugere
7	consilium inire
8	bellum inire
9	periculum adire
10	ad amicum adire
11	pereo
12	amicum adire

Lösung

vor den Piraten fliehen	22
sich dem Freund nähern (= an einen Freund herantreten)	2
den Feinden hart zusetzen	21
ich bin verloren!	14
eine Gefahr auf sich nehmen	1
sich an den Freund wenden (= einen Freund bitten)	15
einer Gefahr aus dem Weg gehen (= eine Gefahr meiden)	18
den Göttern dankbar sein	6
einen Plan fassen	16
Eine Gefahr steht bevor/droht.	13
ich gehe zugrunde	17
einen Krieg beginnen	5

Übersetze:

13	Amicum adeo.	19	Amici me adierunt.
14	Amicum adii.	20	Amicae me adierunt.
15	Amicum adibam.	21	Amici me adeunt.
16	Amicus me adiit.	22	Amicum adisti.
17	Amicus me adibat.	23	Amicum aditis.
18	Amicus me adit.	24	Amice, adi me!

Lösung

Der Freund wendet sich an mich.	20	Ich wende mich an den Freund.	23
Die Freunde wenden sich an mich.	19	Der Freund hat sich an mich gewendet.	11
Ich habe mich an den Freund gewendet.	10	Ich wendete mich an den Freund.	8
Der Freund wendete sich an mich.	3	Die Freunde haben sich an mich gewendet.	4
Die Freundinnen haben sich an mich gewendet.	12	Du hast dich an den Freund gewendet.	9
Wende dich an mich, Freund!	7	Ihr wendet euch an den Freund.	24

Deutsch → Latein

1	so
2	da, damals, darauf, dann
3	denn
4	Schicksal, Götterspruch
5	Gebiet, Gegend, Richtung
6	Kleidung, Kleid
7	die Nachkommen
8	schenken
9	ausführen, führen, tragen
10	sich verhalten
11	(los)lassen, schicken, werfen
12	fromm, gerecht, pflichtbewusst

Lösung

dōnāre, dōnō	13
regiō, regiōnis *f*	17
sē gerere	18
tum	4
pius, pia, pium	16
nam	6
mittere, mittō	14
posterī, posterōrum *m Pl.*	15
tam	1
fātum, fatī *n*	2
vestis, vestis *f*	3
gerere, gerō	5

Latein → Deutsch

13	lītus, lītoris *n*
14	dolus, dolī *m*
15	cōnsilium, cōnsiliī *n*
16	trīstis, trīstis, trīste
17	crūdēlis, crūdēlis, crūdēle
18	nimis *Adv.*
19	dēsinere, dēsinō
20	prōmittere, prōmittō
21	capere, capiō
22	sponte meā (tuā, suā)
23	iubēre, iubeō *m. Akk.*
24	crēdere, crēdō

Lösung

aufhören	21
grausam	22
nehmen, fassen, erobern	23
anvertrauen, glauben	24
traurig	8
Küste, Strand	7
freiwillig, aus eigener Kraft, von selbst	10
List, Täuschung	9
(all)zu, (all)zu sehr	12
anordnen, befehlen	20
versprechen	19
Beratung, Beschluss, Plan, Rat	11

Übersetze:

		Lösung	
1	Tristis fuisti.	Wir waren traurig gewesen.	23
2	Tristis fueras.	Du bist traurig.	12
3	Tristis eras.	Du bist traurig gewesen.	11
4	Tristis es.	Ich wollte das.	16
5	Tristis es!	Du warst traurig gewesen.	4
6	Tristes fuerant.	Sie waren traurig gewesen.	3
7	Tristes fueratis.	Ich habe das gewollt.	7
8	Tristes fueramus.	Ich will das.	24
9	Id volui.	Sei traurig!	19
10	Id volueram.	Du warst traurig.	8
11	Id volo.	Ich hatte das gewollt.	20
12	Id volebam.	Ihr wart traurig gewesen.	15

Stammformen – Übersetze:

		Lösung	
13	ich habe befohlen	credidisti	22
14	ich hatte befohlen	promittimus	13
15	du glaubst	iusseratis	14
16	du hattest geglaubt	iusseram	9
17	du hast geglaubt	promisimus	10
18	er hörte auf	desierat	21
19	er hatte aufgehört	iussi	5
20	er hat aufgehört	credideras	6
21	wir versprechen	desinebat	2
22	wir haben versprochen	promiseramus	18
23	wir hatten versprochen	credis	1
24	ihr hattet befohlen	desiit	17

Latein → Deutsch

		Lösung	
1	libēns, libēns, libēns; libentis *(Gen.)*	Flucht	14
2	terrēre, terreō, terruī	hinzufügen	17
3	iūcundus, iūcunda, iūcundum	angenehm, erfreulich	20
4	locus, locī *m*	gern	23
5	fuga, fugae *f*	Ort, Platz, Stelle	24
6	illīc *Adv.*	jmdn. erschrecken	21
7	turpis, turpis, turpe	biegen, (hin)lenken, umstimmen	18
8	flectere, flectō, flexī	im Zorn	15
9	temptāre, temptō, temptāvī	schwer	13
10	gravis, gravis, grave	(sittlich) schlecht, hässlich, schändlich	16
11	adicere, adiciō, adiēcī	angreifen, prüfen, versuchen	19
12	per īram	dort	22

Wie lautet das Adverb?

		Lösung 1	
13	celer, celeris, celere	celeriter	12
14	iucundus, iucunda, iucundum	iucunde	10
15	crudelis, crudelis, crudele	crudele	9
16	libens, libens, libens; libentis *(Gen.)*	libentiter	1
17	pius, pia, pium	pie	3
18	turpis, turpis, turpe	turpe	10
19	gratus, grata, gratum	grater	8
20	fortis, fortis, forte	fortiter	5
21	vehemens, vehemens, vehemens; vehementis *(Gen.)*	vehementer	1
22	pulcher, pulchra, pulchrum	pulchriter	4
23	bonus, bona, bonum	bene	6
24	miser, misera, miserum	misere	2

Lösung 2

celere	2	grate	4
iuncunditer	6	forter	11
crudeliter	8	vehemente	5
libenter	11	pulchre	9
piter	12	bone	7
turpiter	7	miseriter	3

Bestimme korrekt:

1	mones
2	audies
3	veniam
4	dabam
5	respondet
6	ducet
7	scribimus
8	vocabimus
9	agetis
10	egistis
11	capient
12	debent

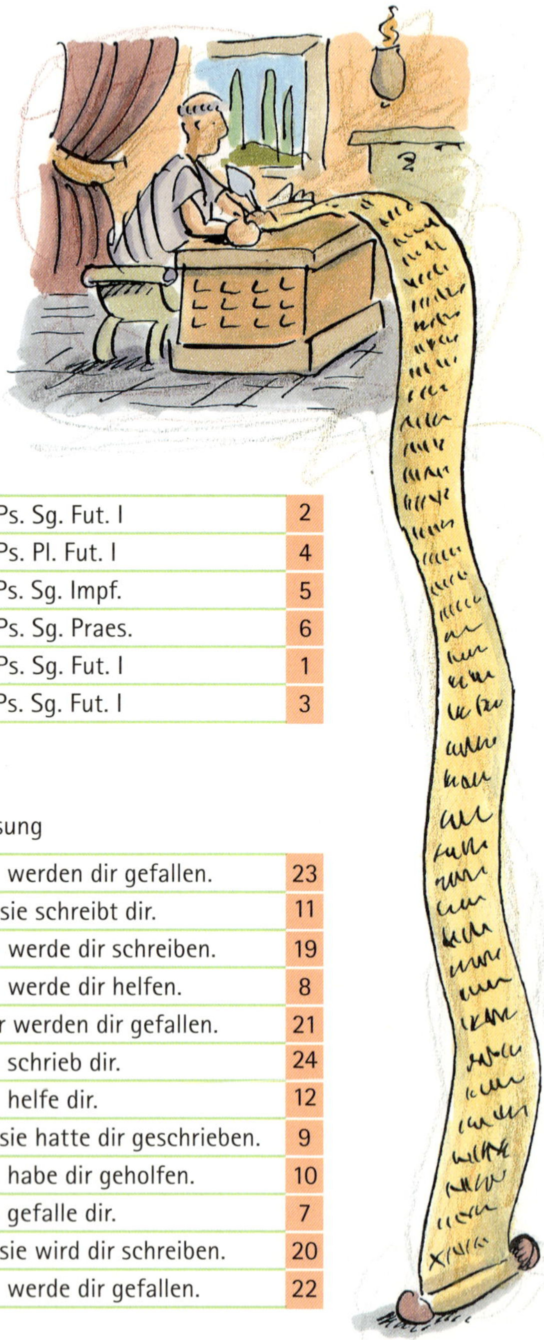

Lösung

1. Ps. Pl. Fut. I	18
3. Ps. Sg. Praes.	16
3. Ps. Pl. Fut. I	17
1. Ps. Pl. Praes.	14
3. Ps. Pl. Praes.	13
2. Ps. Pl. Perf.	15

2. Ps. Sg. Fut. I	2
2. Ps. Pl. Fut. I	4
1. Ps. Sg. Impf.	5
2. Ps. Sg. Praes.	6
3. Ps. Sg. Fut. I	1
1. Ps. Sg. Fut. I	3

Übersetze:

13	Tibi adsum.
14	Tibi adero.
15	Tibi adfui.
16	Tibi scribit.
17	Tibi scribet.
18	Tibi scripserat.
19	Tibi scribam.
20	Tibi scribebam.
21	Tibi placebo.
22	Tibi placeo.
23	Tibi placebunt.
24	Tibi placebimus.

Lösung

Sie werden dir gefallen.	23
Er/sie schreibt dir.	11
Ich werde dir schreiben.	19
Ich werde dir helfen.	8
Wir werden dir gefallen.	21
Ich schrieb dir.	24
Ich helfe dir.	12
Er/sie hatte dir geschrieben.	9
Ich habe dir geholfen.	10
Ich gefalle dir.	7
Er/sie wird dir schreiben.	20
Ich werde dir gefallen.	22

Latein → Deutsch (1)

1	lēgātiō, lēgātiōnis *f*
2	lēgātus, lēgātī *m*
3	sacerdōs, sacerdōtis *m*
4	quandō?
5	supplicium, suppliciī *n*
6	ac (~ atque)
7	tandem
8	intellegere, intellegō, intellēxī
9	redīre, redeō, rediī
10	facere fīnem *(m. Gen.)*
11	sortem dare
12	immō vērō

Lösung

zurückgehen, zurückkehren	22
Priester	21
und, und auch	11
Gesandter, Bevollmächtigter	12
beenden, aufhören (mit)	15
wann?	7

endlich *(in Aussagen)*; denn eigentlich *(in Fragen)*	6
Gesandtschaft	8
einen Orakelspruch geben	1
(be)merken, verstehen	2
ja sogar, im Gegenteil	5
flehentliches Bitten, Strafe, Hinrichtung	16

Latein → Deutsch (2)

13	superbia, superbiae *f*
14	cīvitās, cīvitātis *f*
15	ōrāculum, ōrāculī *n*
16	cūra, cūrae *f*
17	aliter *Adv.*
18	ut *Adv.*
19	anteā *Adv.*
20	cōnfirmāre, cōnfirmō, cōnfirmāvī
21	exīre, exeō, exiī
22	statuere, statuō, statuī
23	caput, capitis *n*
24	sacrum, sacrī *n*

Lösung

bekräftigen, ermutigen, stärken	14
anders, sonst	18
Stolz, Überheblichkeit	20
Kopf, Hauptstadt	13
Sorge, Pflege	19
vorher, früher	17
Heiligtum, Opfer	3
Bürgerrecht; Gemeinde, Staat	24
aufstellen, beschließen, festsetzen	23
wie	9
herausgehen	4
Orakel, Götterspruch, Orakelstätte	10

WORTSCHATZ 22 GRAMMATIK prima B

Deutsch → Latein

		Lösung	
1	aedificāre, aedificō	Ehre, Ruhm	7
2	augēre, augeō	vermehren, vergrößern	9
3	condere, condō	schonen, sparen	5
4	parcere, parcō *m. Dat.*	Kreis(lauf); Erdkreis, Welt	10
5	glōria, glōriae *f*	erbauen, gründen	1
6	orbis, orbis *m (Gen. Pl. -ium)*	bauen	6

Bestimme korrekt:

		Lösung	
7	auxero	1. Ps. Sg. Fut. II	3
8	augebo	3. Ps. Pl. Fut. I	4
9	auxeram	3. Ps. Pl. Fut. II	8
10	auxerint	1. Ps. Sg. Fut. I	11
11	auxerunt	3. Ps. Pl. Perf.	12
12	augebunt	1. Ps. Sg. Plquperf.	2

WORTSCHATZ 11 GRAMMATIK prima B

Übersetze:

		Lösung	
13	posse	wir können	16
14	potuerunt	sie können	20
15	possum	ich konnte/habe gekonnt	19
16	potes	ihr konntet/habt gekonnt	24
17	potuisti	du konntest/hast gekonnt	15
18	potuimus	er/sie/es kann	23
19	possumus	sie konnten/haben gekonnt	21
20	potuistis	ihr könnt	22
21	possunt	ich kann	13
22	potestis	wir konnten/haben gekonnt	14
23	potest	können	17
24	potui	du kannst	18